保守の真髄

老酔狂で語る文明の紊乱

西部 邁

講談社現代新書

2455

目次

解題――序に代えて

自分にとって最後となるはずの著述を娘を相手にしての口述筆記で行わなければならないのは、利き手の右腕が、手や指先をはじめとして、益々激しく神経痛に襲われているからである。その原因は頸椎磨滅と腱鞘炎の合併からくるもののようだが、ともかく七十八歳にして書記というものをまったくできなくなった。そのことにこの述者は――以後、小生を「述者」と呼ぶことにする――満足と不快の両方を感じている。

元来、話し言葉と書き言葉をあまりかけ離れたものにしないのは、「物事の総合的な解釈を、人格上のインテグリティ（総合性・一貫性・誠実性）をもって記す」ものとしてのエッセイ、つまり「自己を試験《エグザミン》すること」、それを表現するのが述者の狙いでありつづけたからだ。――ちなみにエッセイの語源はエグザミンにほかならない――。とはいうものの、話し言葉と書き言葉のあいだには截然《せつぜん》たる区別がある。第一に聞き手・読み手は特定化されているか分散化されているかの違いがあるし、第二に表現のプロセスで自己省察の質量が小さいか大きいかの差がある。第三に表現の場が私的・日常的か公的・非日常的かの隔たりもある。述者は、書物にあってはむろん書き言葉をよしとしてきた者である。しかし、身体事情がそれを許さないとなれば、話し言葉を用いるのもやむをえない。それどころか好き嫌いでいうと、述者はソーシャビリティーズ（社交）における話し言葉を面白がるのみならず大切至極と考えてきた者であるから、最後の著述が話し言葉となることに、自分の本性に立ち戻る感が伴い、したがってこうなるのは自分の避けえざる、というより避けようとあがいてもどういうわけか迎え容れざるをえなくなる、宿命であったのかと納得がいきもするのである。

さて「老酔狂」という形容をタイトルに付したのは、自己卑下からのことではない。述者が十分に老いているのはいうまでもないことである。その老いるまでの時間にあって述者の思想にツァイトグング（時間の持続における精神の成熟）があったかどうかは保証のかぎりではないものの、そこでの体験と（それにたいする解釈を含むものとしての）経験とが年齢相応に少なくはないといえるであろうから、人の老いにはそれなりのメリットがあるはずなのである。いわんや最後の著述となれば、そこに死の覚悟が多少とも伴うのは当然のことであり、だから老人の文章は若いときのそれよりも本気度が大きいのが普通と言ってよいであろう。本書でもその本気度をできるだけ強く表面に出して語ろうと思う。

「酔」についてはどうであろうか。述者は自宅では酒を飲まない性質《たち》なので、この叙述にあって肉体的な酔いはいささかもない。しかし、述者は自分の老いた身体に、悪酔いに近い感覚が昼夜を問わず訪れているのを知っている。それは、疑いもなく、この高度技術情報社会の紊乱《ぶんらん》ぶりによって自分の脳が震盪《しんとう》させられているといった気分からくるもののようである。むろん述者とてこの文明に最後尾から付き従ってきたと認めざるをえない。だが述者の前を大量に群がって疾走し述者からどんどん遠ざかっていく高度文明の礼賛者たちの後ろ姿を見やっていると、是非もなく自分の頭がクラクラと揺れてくる始末で、そのままへたり込んでしまいたくなる度合が増えてきている。その意味で述者は酔っているといってさしつかえあるまい。もちろん、酔っ払いの手合のように罵詈雑言を吐くのは控えてはいるが、現代文明に寄り添う無数の群衆（その指導者と追随者の群れ）をみる自分の目が日ごとに冷たくなっていくのを止めようがない。だからそれらの群衆からみれば、述者は酔っ払いと片づけられて致し方ない立場にいるわけだ。

自分の「狂」についてはどうなっているのか。自慢でいうのではないのだが、自分が執筆を始めてからの四十年余、述者は大きくは間違ってこなかったし、誰からも間違いを指摘されることなく、おおよそ正鵠《せいこく》を射《い》た文章をものしてきたと自負してはいる。しかしそれへの反応は絶無とはいわぬまでも、おおよそゼロの近傍にあり、その意味では述者の所業は無効なのであった。無効なことはどこかで止めるのが精神の健康法というものであろうが、述者と来たひにはまるで蝮《まむし》のようにしつこく書くことも喋ることも止めないできたのである。その姿を第三者の目でみれば、やはり「狂」の部類に括られて致し方あるまい。そしてもう書くことすら叶わなくなったのに、まだものを喋ろうとしているのだから、述者の人生は狂人のそれに近いといわれても抗弁の為様《しよう》がないのだ。

それのみならず、ものを書き始める前の大人になってからの十年ばかり、述者は左翼過激派に愛想をつかしたあと、小博打や安酒をはじめとする乱雑な生活に沈み込んでいた。そしてさらにその前を振り返れば、吃音者として沈黙の世界に沈み込んでいた。したがって述者の人生は、少なくとも普通の人々のと比べて、少し狂相を帯びているという自覚が湧いてくる。とはいえ、G・K・チェスタトンがF・ニーチェにたいしていったこと、つまり「狂気に一抹の魅力があることを認めぬわけではないが、それを認めるためにもこちらが正気でなければならぬ」を座右の銘として生きてきた述者としては、正気が狂気と見えることとこそ現代文明が紊乱の極みに近づいていることの証拠ではないかと反論したくなる。

紊乱とは「文がもつれた糸のように乱れる」状態を指す。文が明ではなく暗に近づいているのだとすれば、高度文明などという表現すらが虚しくなる。だが、我が身それ自体の老酔狂という紊乱にあっては、文暗のあとに何がやってくるのか、予測も予想も想像もつかない。というより「文暗の深刻化が止めどなく進行するのであろう」と漠然と思うだけのことである。

これを絶望の境地といえばそういえなくもないが、「絶望するものの数が増えることだけが希望である」（J・オルテガ）と考えるならば、これから述べ立てる紊乱論も希望の書といえなくもない。「絶望に立つ希望」は、私がこれまでも折にふれ言及してきたことの繰り返しではある。しかし、せっかく一書分を語るのであるから、論点の視角と整理にはできるだけ工夫をこらしたいと思うし、今もなお多くの人々が無視している論点を表面に浮かび上がらせたいとも思う。さて、その結末がどうなることやら今のところは見通しは定かではないが、何はともあれ、語り始めてみよう。……と強く身構えてはみるものの、述者は妻に死なれたあとの引っ越しの際、いわゆる蔵書のほとんどすべてを廃棄処分に付してしまった。ということは語りの材料となるはずの書物が手許にないということで、拠り所は自分の記憶のみときている。それゆえ記憶違いの叙述が生じる虞《おそ》れがありもする。だが老酔狂者の強みはそうしたおのれのフォリビリティ（可謬《かびゅう》性、人間は間違いを犯す動物であるということ）を気にしないというふてぶてしさを身につけることにあるともいえる。老酔狂ならざる「若素正」の読者諸賢よ、この述者のいささかならざる紊乱の態度を寛恕《かんじょ》していただきたい。——なお本書のタイトルは出版社の勧めによるもので、述者には自分の喋っていることを「神髄」と呼ぶのには羞恥を覚えざるをえず、せめて「真髄」にしてくれと頼んだ次第である——。

第一章　文明に霜が下り雪が降るとき

本書の副題にある紊乱論から『西洋の没落』（O・シュペングラー）のことを連想する読者も少なくないであろう。シュペングラーは、独仏のあいだに毒ガスすらが撒き散らかされた第一次世界大戦のさなかに、西洋の没落を予言した。故渡部昇一はそれを完全に誤読して、「シュペングラーの教え」は「西洋のウンターガング（没落）に取って代わって東洋のアップライジング（興隆）が始まる」ことを予言した書物だとみた。だがその書は、メソポタミア文明の昔からあらゆる文明が、あたかも植物の生態と同じように、春夏秋冬の季節を経巡って最後には枯死していくのが運命だと論じている書物である。その運命論的な歴史観が正鵠を射ているかどうかはともかく、述者が現代文明が没落期に入っているということを強く感じているのは事実である。ただ没落後の展望がいささかもみえてこないので、文明の紊乱と称したまでのことにすぎない。

第一節　文明と文化とのかかわり

文明とは何かをまず論じなければならないのだが、治水・灌漑の普及、道徳・宗教にかかわる精神の高まり、皇帝制を中心とする統治機構の充実などを列挙して、エジプト文明、メソポタミア文明、インダス文明、黄河文明などがどうのこうのと退屈な議論をしたいのではない。またそれに加えてたとえば日本文明はアジア・モンスーン地帯の照葉樹林帯から風土的な影響を受けているとか、大陸や南洋の島々との海洋航路によって支えられていたとか、無文字の縄文文化を基層としているとかいったありきたりの論について喋々《ちょうちょう》したいのでもない。

ここで重視したいのは文明と文化の関係についてである。シヴィライゼーションを文明と訳したのは福澤諭吉であるが、そこに「文」（あや）という文字が使われていることからも察しられるように、人間の繊細な精神を伴う形でもたらされる文化の要素、それを含んでこその文明といわなければならない。シヴィライゼーションという言葉におけるシヴィリアン（ラテン語ではキヴィタス）は、都市国家であれ都市田園群としての国民の総体にかかわる国家であれ、シヴィル（公共的）な紐帯《ちゅうたい》によって結び合わされているということをいわんとしている。それをネイションフッド（国柄）、ナショナリティ（国民性）あるいはコンスティチューション（憲法というよりも国体）と言い換えてもかまわないが、ともかく、パブリック・マインド（公共心）をシチズン（市民）やネイション（国民）が根底において共有するのでなければ文明が成り立つはずもない。そして今の日本人は、シチズンが「国家から保護してもらうこととの引き換えで国家への義務を引き受ける人々」を意味する、ということをすら忘れてしまっている。

シチズンを代表しようとしたればこそ諭吉は『文明論之概略』において公徳心の大切をまずもって説いたのである。具体的にいうと「廉恥・公平・正中・勇強」の公徳心が文明におけるソサイアティ（社会、人間交際の場）の礎石だと論じた。ついでに言及しておくと、諭吉は江戸期の儒学が「潔白・貞実・謙遜・律儀」という私徳にのみ関心を集中して、公徳を軽んじたがゆえに封建の身分制のなかから一歩も踏み出せないのだということを論難したのであった。

文化とは「文徳による教化」の略であり、英語でカルチャーといっても人間の精神をヴァーチュー（徳）の次元においてカルティヴェイト（耕す）することを指す。ヴィルトゥ

（徳）とは、元来「男らしさ」のことであり、「徳における男らしい力強さ」のことを意味する。もちろんN・マッキャヴェッリが『君主論』でいったように、人間はフォルトゥナ（運命）の社会力学から完全に自由になることなどはできはしない。だがその宿命的な必然にどう対処するかという具体的行為のことを考えれば、そこにヴィルトゥの作用が多少ともおよばずにはいないのである。どだい、マッキャヴェッリが君主のための統治法を書いたのは、フィレンツェという都市国家の紊乱を防ぐためであった。またT・ホッブズが『リヴァイアサン』を書いたのも、コモンウエルス（英国のこと）における弱肉強食のせめぎ合いには人々が絶対君主に全権を委譲する形での社会契約が必要だ、としたのである。両方とも国家護持のための道徳論もしくは価値論であったことを忘れるべきではない。いずれにせよ、文明なるものは道徳・価値をめぐる文化的な基礎の上に成立するのであるから、文明の没落もしくは紊乱とは「文化を失った半端な文明」が到来しつつあるという謂《いい》なのである。

ニッコロ・マッキャヴェッリ（1469-1527）

「文化なき文明」というのは言い過ぎかもしれない。正確には文化の体系が歪んで主として技術的な側面だけが肥大化するのがここでいう「紊乱」ということである。人間は（身体言語や機械言語をも含めて）言語を操る動物である。その言語は、後段で詳しく論じるように、本来は、多側面の機能にかかわるはずのものである。それがテクノロジー（技術）という一方向にのみ特化していくのは文明の病理以外の何ものでもない。かつてシュペングラーは、文明の秋期から冬期にかけて、「新興宗教への異様な関心と新技術への異常な興味が高まる」と指摘した。今、世界のとくに先進各国にみられるのは、新技術が新宗教となって人々の精神世界を占拠しているという状態ではないのか。

述者のみるところその「文化の乏しき文明」への自己懐疑を持たぬばかりか自己満悦に浸っている点で最も目立っているのは、我が日本列島である。世界にテロや経済不況が吹き荒れるなか、我が日本列島人だけが比較的に安穏に暮らしているのをみて、「これからはジャパン・ザ・ファーストだ、世界は日本を見習うべきだ」といった自画自賛の日本論も頭をもたげている。何という貧しい文化論かと慨嘆《がいたん》せずにはおれない。世界が日本を「自衛できない国家」とみているということばかりではないのだ。実際、「スマホ」という名の小さな薄い箱に精神を吸い取られてらちもないゲーム事に明け暮れする男女の群れを眺めていれば、文明は紊乱の段階を過ぎて没落に至っているのではないかとの思いが、少なくとも述者にあっては日々深まりゆくばかりなのである……。どうでもよいことだが、述者自身の技術化について告白しておくと、「日本は核武装すべし」と唱えて言論界で嫌われてきたし、また携帯電話もパソコンも手にしていないという、時代から外れたり遅れたりしている人間である。それでも生きるのに苦労しないのは、日本がアメリカに依存・従属しているおかげであり、またいつも友人が五、六人はいてそのうちの誰かがそうしたニューテクノロジーをもっているからである。それらへの返礼は、米軍基地費用の負担やたまの一杯の支払ですみもする。つまりアメリカへの従属もハイテクの登場もほとんど不可避の事態ではあろうが、皆してこぞってその国家紊乱のなかで居眠りすることはあるまい、といいたいだけのことなのだ。

第二節　テクネーなきテクノロジー

「新技術を新宗教として崇拝する」というフェティシズム（物神崇拝）、それが文明を紊乱に落とし込むのはどうしてであろうか。技術とは物事を「形式化と数量化」の精神次元に据え置くことにほかならない。この場合、逆も真なりなのであって、モノとは自然界の出来事に比較的に厳密な形式と比較的に多くの数量を与えたときに成り立つ客観性のことであり、コトとは世間の出来事に同様の作業を施したときに成り立つ客観性のことなのだ。この客観性のお陰で、とくにそれがニューネス（新奇性）を帯びるとき、新技術は深く広く人間社会に流通することになるのである。

こうした「形式化と数量化」の作業がいわゆるサイエンス（科学）を基礎にしていることはいうまでもない。逆にいうと、スキエンティア（知ること）が文明の末期にあっては科学の一点に集中してくるということである。ここで科学というのが「何らかの前提の下に、論理的な演算を施して実証可能な命題を導き、その命題を統計資料によって（確証とまではいかないまでも）反証が上がらないと確認する」ことを意味する。だから技術化とは人間精神の科学への偏向のことだといってさしつかえない。そして今や社会科学なるものすらが社会の世論の全領域を席捲して、経済学的には政治学的には社会学的には文化学的にはといったようないい方が罷り通る次第となっている。

しかし肝腎要の科学のプレミス（前提）はどこからやってくるのであろうか。経済学を例にとっていえば「経済行動は効用最大化や利潤最大化といった単純な前提に立って行われている」という意味で経済人はホモ・エコノミクスだとされる。同じようにして、権力最大化の前提に立つのはホモ・ポリティコスであり、役割演技に終始するのがホモ・ソシオロジクスであり、文化象徴を上手に操るのがホモ・シンボリクムとされる。だが、この社会諸科学における人間性にかんする単純化はどこまで納得的であろうか。

知識社会学を論じたM・シェーラーによれば、古代アテネにあってテクネーと呼ばれていた活動は現代のテクノロジーとは様相を異にしていた。テクネーは、いわゆる「魂への配慮」のことを含めて、人間の生活全般における何ほどかパターン化された工夫のことであったらしい。具体的にいえば、家族や友人との付き合い方、仕事上の仲間との折衝の仕方、自分の属する共同体への参与のやり方などすべてを含めてテクネーと呼ばれていたのである。だからそれは「生活の知恵」といったものと同じことであったのだ。しかし今のテクノロジーは、そのテクネーのうち形式化と計量化の容易なもののみを発達させたところに成り立つものにすぎない。だからこそ、それはテクノ（技）のロジック（論）と呼ばれているのである。問題は人間の生活が技術などによって全面的に形式化と計量化を受けるような単純なものであってよいのか、それは人間のロボット化・サイボーグ化にすぎないのではないか、という一点である。

テクノロジーのイノヴェーション（新しいもののなかに入ること）がコンヴィニエンス（人間生活の便利性）に資することはひとまず認めてよいであろう。そしてコンヴィニエンスとはコム（みんな）がヴィーネする（集まる）ことであるから、便利性へ向けて、あっさりいえばコンヴィニエンス・ストアーに向けて群がるのは、旧石器の時代から人の世の常ではあった。だがその便利性によって失われるものがあるのだ。人間精神のサトゥルティ（繊細さ）は、芸術作品や社交生活の在り様を深く洞察すればすぐわかるように、ＴＰＯ（時《タイム》と

ジャンバティスタ・ヴィーコ（1668-1744）

所《プレース》と場合《オケージョン》）に応じて微妙に変化させるべきものである。そうした人間の精神と活動の繊細さは便利性のみによって形づくられるものではない。現代社会のロボット化・サイボーグ化はこうした繊細性の消失を伴っている、とみなければなるまい。

　この喪失は人間の外部においてのみ生じるものではない。人間の内部における感性と理性もまた単純化されていくのである。G・ヴィーコが、十七世紀にあってカルテジアン（R・デカルトその人よりもむしろ、その合理論に素直に付き従う追随者たち）を指して「すべてを単純化するあの恐ろしい人たち」と呼んだのは、人々の経験のうちに胚胎しているはずの複雑な歴史感情や生活感情の襞《ひだ》がすべて鉋《かんな》にかけられたように滑らかにされてしまっていることを慨嘆してのことであった。――ヴィーコなどというほとんど誰も知らない人間の名前など出さんでくれと当編集部はいうが、「デカルトの敵」（清水幾太郎）が西欧にいたというのは誰もが知っておいたほうがよい文明史上の事実であろう――。

　テクノロジカル・イノヴェーションの支配する社会にはもっと恐ろしいことが起こる。それは、未来に起こるであろうと想像される事態が、プレディクト（数量的予測）することが叶わぬのは無論のこと、アンティシペイト（大まかな数値の範囲としての予想）することすらできなくなってしまうということである。未来は単にほとんど空想に近いものとしてイマジン（想像）することができるだけのものとなる。そしてその想像はあるときは楽観に舞い上がり、そしてほかのあるときには悲観に打ち沈むといったふうに、大きく動揺することになる。これを指してかつてJ・M・ケインズという経済学者がクライシス・オヴ・コンフィデンス（確信の危機）と呼んだのである。

未来に生起する事態にかんするランダム・ディストゥリビューション（確率分布）とは、本来、確信の程度を指すものであり、その度合を分布図として描くことができるためには未来に生起する事態が過去において繰り返し実験された、という背景がなければならない。W・ディルタイという「生の哲学」の創始者が十九世紀後半にすでに予告していたように、ワンス・フォア・オール（一回限り）のものとしての人間の生が、イノヴェーションの立てつづく事態にあってはとくに経験が繰り返されてこなかったため、つねに確率的な予測の適応範囲外にあるのである。

かくしてテクノロジカル・マンとなってしまった現代人は、ほぼまったく不確実な未来へ向けて今一瞬の便利性にのみ執着して目前のニュー・コモディティ（新商品）のニュー・セール（新販売）のためのニュー・アドヴァタイズメント（新広告）に飲み込まれていくことになる。今から二百年ほど前まではアドヴァタイズとは「価値《ヴエルト》あるものを広《アド》めること」を含意していた。しかし現代ではその価値が束の間の便利性の一点に圧縮されてしまったのである。それを指して文明の紊乱と呼んでもあながち誇張とはいえないのではないか。

第三節　人間活動の全面的商品化

かつてK・マルクスは「労働力の商品化」という点に資本主義的市場経済における最大の弱点を見出した。つまり、賃金がサブシステンス・ミニマム（最低生存水準）に抑えられ労働者は単なるプロレタリー（子孫《レタリー》を産《プロ》むだけの存在）に落とされるのであるから、いずれプロレタリアの反逆が起こるものと予想し、その社会革命の結果として社会主義的な計画経済が到来するのは歴史の必然だと彼は思ったのである。

今進んでいるのは労働の商品化にとどまらない。労働者およびその家族の生活のすべてが商品化のプロセスにさらされているのである。勤労生活のみならず消費生活にあっても余暇活動にあっても商品世界のシステムと技術と産物がそれらの全領域を覆いつつある。それは、むろん、生産者としての企業がわが商品を売り込んだことの結果ではあるが、それらを進んで購入したのはほかならぬ消費者のがわなのである。生産者と消費者のあいだに情報の格差があり、生産者のほうがその売買においてイニシアティヴをとることは認めなければならない。しかしそうだとしてもその商品購入が強制的になされたものでないことは確かである。したがってこの人間活動全般の商品化にあっては、生産者と消費者は共犯関係にあるとみてさしつかえあるまい。

コモディティ（商品）とは何であるのか、心ある人は、まず、古代帝政ローマの二世紀頃に登場した狂帝コンモドゥスのことに思いを致すべきではないのか。彼は皇帝の地位継承を正式なものにするため、姉に近親相姦を迫った類の男である。そしてその皇帝名コンモドゥスは「共通《コモン》の様式《モード》」ということ、つまり自分はローマの共通様式を代表していると僭称したという意味で彼はタイラント（僭主）なのであった。現在における人間活動の全面的商品化をみれば、それが狂相を帯びているからには、コンモドゥスの名前を思い起こさずにはおれないのである。

ところでコモディティ（共通の様式）には二通りのものがある。一つは（現在世代さらには現在の世間にのみ共通しているという意味で）時間軸の一点における空間にのみ流通している様式であり、もう一つは（過去世代・現在世代・未来世代という時間軸において）長期間におよび共通する様式である。今の共通様式は、新商品が連続的に市場に現れてくるため、その商品の性格が前者の種類、つまり「時間的持続が短いという意味で空間においてのみ共通の様式」にすぎない。その逆の時間的持続を保つ共通の様式は、通常「日用通常の必需品」と呼ばれてきたのだが、その必需品が（立てつづくイノヴェーションによって）次々と解体させられている始末ときている。

しかもこの商品化は、国際関係における製品の貿易、資本の移動さらには労働者の移民にまで及んでいる。かつての経済学が自由貿易を礼賛してコンパラティヴ・アドヴァンテジ（比較優位）の説を強調していたのは、資本と労働という生産要素が国際間を移動しない場合についてのみいえることである。もう少し言うと、そういう場合には、資本の相対的に多い（少ない）国が資本を比較的に多く（少なく）使う商品の生産と輸出に傾くことによって貿易国双方がいわゆる「ウィン・ウィンの関係」を保つことができるとされてきたわけだ。しかし資本と労働が容易に国際間を移動しうるいわゆるグローバルな時代にあってはそうはいかない。

たとえば安い賃金を求めてそこに資本輸出が行われたり、さらには現地生産までもが行われるという成り行きになっていく。さらに無視できないことに、未来の期待収益を求めて巨大な資本の投機活動が国際資本市場に吹き荒れる。しかもそこに大きな設計偽装や会計偽装すらが――それにつれて既存諸企業の破壊が――随伴するのである。イノヴェーションの連続によって未来展望はますます不確実になり、それゆえ期待収益のリスク計算も覚束なくなる。なぜといってリスクとは確率的に予測できる不確実性のことをさすにすぎないからである。リスクを超えた不確実性としてのクライシス（危機）を隠蔽すべく直近のデータだけを使って未来の危険とやらが予測として発表され、あまつさえリスクを減少させると称して（いくつかの証券の組み合わせとしての）デリヴァティヴ（派生証券）なる新証券すらが売りに出され、蓋を開けばそのリスク計算はほとんど虚偽であったと判明する顚末《てんまつ》だ。その見本がいわゆるリーマン・ショックであったことはまだ耳に新しいところである。

今世界各地に勃興しつつある経済ナショナリズムをプロテクショニズム（保護主義）として論難するのはあまりにも不当である。貿易にかんする関税や証券取引にかんする為替管理や移民にかんする出入国管理がプロヒビティヴ（禁止的）な水準にまで全面的に強化されるのならば、それはたしかに保護主義であり鎖国主義であるといわれて致し方がない。だが自国経済を多少なりとも安定化させるためにそうした関税や取引税や管理体制を強めるのは国家としてむしろ第一になさなければならない義務なのである。――日露戦争の勝利によって「関税自主権」を獲得したことについて我が日本の明治人たちがどんなに喜んだか、我が平成人は忘れてしまったらしい――。

こうした商品という名の帝王の独裁から逃れるにはどうすればよいのか。そう簡単に妙案が浮かぶわけもないが、今世界各地で起こりつつあるのは、スモール・コミュニティ（家族や地域社会などの小共同体）のゲマインシャフト（日常生活）を安定化させるべく新商品に安易に飛びつくという生活態度を改める、というやり方である。それは国民の生活意識をプログレッシヴ（革新的）なものからコンサヴァティヴ（保守的）なものに変えることであるから、いわば現代の技術文明（文化なき文明）にたいする静かな反乱と呼ぶべきであろう。その反乱がアメリカのトランプ大統領、ロシアのプーチン大統領、イギリスのメイ首相そしてフランスのルペン大統領候補などによって打ち出されているナショナリズムの運動なのである。

ナショナリズムを指してショーヴィニズム（排外主義）と難じることは許されない。それらのナショナリズムは単に国家の国際関係と国内（の域際）関係の双方に長期的な安定性をもたらそうとする企てにすぎないのである。まだナショナリズムの大切に気づいていない「沈黙の帝国」我が日本も、遠からず、このいわば伸縮的・開放的なナショナリズムへと移行していかざるをえないものと思われる。

第四節　「適応」を専らにするのは「進歩なき進化」

　ここ十年ばかり、主として商品広告の方面で、「進化」という表現が罷り通っている。しかし、イヴォリューション（進化）というのは環境に適応するための形態変化を意味するのであって、それが何らかの価値規準からみてプログレス（進歩）であるかどうかとは何の関係もない事柄である。そこで思い出されるのは「外部に適応するのを専らにするのは、その文明にとって命取りとなる」（J・オルテガ）という警告である。つまりアダプティヴィズム（適応主義）は、短期的には効率的であるかもしれないが、長期的には行動主体のヴォランタリネス（主意性、自発性）を喪失させていくせいで、個人であれ集団であれ、生の方向喪失に陥ること必定なのである。

　我が日本は、明治維新前後からといってもよいが、とくに大東亜戦争の敗北以来、アメリカを中心とする西洋社会のいわゆる近代化の在り方に適応する以外に国家としての方針を持たないできたといってさしつかえあるまい。それが我が国をして二十一世紀の世界にあって海図なき漂流へと導きかねないのである。その証拠に世界中でグローバリズム批判が持ち上がっているのに、この列島ではそれを声高に主張した者たちの反省もないし彼らへの批判もまったく聞こえてこない。グローバリズムを批判する者たちを鎖国主義者呼ばわりしてきた者たちは、口をつぐんだまま知らぬ顔の半兵衛を決め込んでいる有り様だ。さらに隣国北朝鮮が核実験やミサイル発射を繰り返しても、アメリカや中国やロシアの意向を窺うだけのことで、自国の国防強化についてはどの政治勢力からもいかなる言論勢力からも何の発表もない。

短期における適応とはいったい何のことか。それは、端的にいうと、V・パレートのいったオプティマリティ（最適性）のことにほかならない。近代経済学の中心におかれているパレート最適としてのエフィシェンシー（効率性）の概念は、資源の賦存状態や所得の分配状態を所与のものとすれば、自由交換の結果として「それ以外の交換をすればかならず誰かがルーズ（損失を被る）」という意味での限界状態を意味する。その意味での効率性を実現することはたしかに重要なことではある。市場機構がそのための最も効果的な制度だということも否定できない。しかし、資源や所得の分配を長期的にどう変えていくか、またそれに当たっての制度的な規制をどう変更していくか、それがなければ効率性などはたかだか目先の便利に資するにとどまる。

こうした（市場取引をはじめとする）自由な行為への制度的改革は一般にストラクチュラル・リフォームと呼ばれている。ところがその改革に当たって、我が国は長きにおよんで西洋追随の姿勢を取りつづけてきたのである。アメリカをはじめとする西洋文明と摩擦を起こせば、それは適応の失敗だと信じ込まれてきたわけだ。なるほど幕末における西洋や日米戦争後のアメリカの武力的な強さを見れば、明治維新や日米戦争のあとのアメリカナイゼーションも日本国家にとって避けえざる適応法であったとみえるであろう。しかし問題なのは、その適応の果てに日本文化の喪失という深刻な事態が訪れることについてどう評価するかということにほかならない。その適応の結果についていささかでも懐疑しておいたならば、適応の規模と速度は弱まったかもしれないが、日本国家の独立性と自発性はその分だけ保持されたに違いない。その意味で適応主義は自己喪失のための早道なのである。

しかも、経済に顕著にみられるように、資本や労働や技術や情報が速やかに外国に流れていくのを許すならば、それ自体として、資源の賦存と所得の分配を直ちに変更してしまうのであるから、パレート最適性という観念が短期的にすら成り立ち難くなる。それに軍事力や外交力や文化伝播のことなどを加味していくと、いわゆるマーケット・ファンダメンタリズム（市場原理主義）は烏滸《おこ》の沙汰であったというしかない。

とりわけ平成日本が適応主義——その近似語でいうとオポチュニズム（日和見主義）、オケージョナリズム（場面主義）あるいはプラクティカリズム（実際主義）——の路線にはまっていたことは火を見るより明らかである。というのも、アメリカでいわれていた構造改革とは、工場や事務所でオートメーション化を進めるという程度の話であったのに、アメリカに追随するのを専らにしてきた戦後の風習に則って、我が国は国家全体のアメリカナイゼーションを推し進めてきたのである。そこにグローバリズム（地球主義あるいは広域主義）やモンディアリスム（世界主義）の美名が冠されてはいたものの、その世界標準を決めるのは最強の軍事および政治の覇権国アメリカだと暗黙のうちに前提される始末なのであった。そのアメリカがトランプ大統領によってグローバリズムから手を引こうとしているにもかかわらず、我が国はそれに取って代わる国家方針をもてないままでいる。

何らかの国家をめぐる構造改革が進歩でありうるためには、それが日本国民の長期にわたって作用するパブリック・マインド（公徳心）の線に沿うものでなければならない。福澤諭吉にならって「廉恥・公平・正中・勇強」といってもいいし、プラトンやアリストテレスの挙げた「ギリシャの四徳」に従って「正義・思慮・勇気・節制」とみなしてもよいが、ともかく、公徳心の充実や向上に逆行するような改革は、改悪であって改善ではない。

指導者の演説や追随者たちの世論が改革なるものをほぼ無条件に礼賛してきたのはなぜであろうか。その背景には「人間が真剣に叫び立てる意見はおおむね正しい」とみるヒューマニズム（人間中心主義）がある。要するに「ヴォクス・ポプリ、ヴォクス・デイ」（民の声は神の声）という（古代ローマ帝政期での）思い込みが今もなお健在だということである。歴史的に醸成され来たった公徳心に違《たが》うものをまで改善とみなすのは、ドグマ（独断）にほかならない。面白いことに、ドグマの語源的な意味は「よいもののように思われる」ということなのだ。人々の多くが賛同する変化を何はともあれ進歩とみなすのは人類の歴史を通じてのドグマなのではあろう。今の日本に顕著なのは、それをドグマだと指摘する者があまりにも少なすぎるということではないだろうか。政治家も学者も評論家もジャーナリストも、こぞって構造改革の旗を振った。それがおぞましいばかりのドグマであったことが、各国の経済・政治・文化の紊乱が深まることによって暴露されてしまった、それが二〇一七年の世界なのである。どれほど困難であっても各国民がそれぞれの不易の公徳心を現在の状況にあわせて具体的に論じることが必要となっているのである。

第五節　近代化の宿痾《しゅくあ》に食い荒らされたこの列島

モダンを近代的と訳したのは、日本文化における取り返しようのない錯誤であった。しかもその近代化を、若干の曲折がありこそすれ、歓迎しつづけてきたのが明治維新後の一世紀半なのであった。しかも今現在におけるその近代化の様相はウルトラとかスーパーと

福澤諭吉
(1835-1901)

かいった接頭語を付さなければならない程度にまで高まっているのである。それが高度情報技術社会と呼ばれているものだ。

モダンとは「最近の時代」のことではなく、それがモデルとモードの類似語であることからも察しられるように、「模型の流行する時代」つまり「模流」とでも訳されるべき言葉であった。それに加えて、あとで詳しく述べるように民主主義の進展につれて模流時代を疑うことを知らぬのを特質とするマスメン（大量人たち）が社会の表面に溢れ出してきた。その（マスの大量性の）せいで、「刺激的な模型が大量に流行する時代」、それが現代の紛れもなき姿となってしまったのである。

模流時代としての近代に疑いを差し挟む動きが皆無というわけではなかった。たとえば「文明開化」の祖とされている福澤諭吉は明治十二（一八七九）年の『民情一新』において「蒸気・電信・印刷・郵便」の「思想伝達の大道」（今でいえば情報ハイウェイ）にあって西洋社会は「驚駭し又狼狽する者なり」と指摘することによって、西洋の技術を猿真似することに警鐘を鳴らした。またその前に、いわゆる左翼の元祖と間違って見立てられてきた中江兆民は『民約訳解』において、公衆が天皇の存在を欲するならば「天皇制と共和制は矛盾せず」とみるのみならず、日露戦争の何年も前に「ロシア撃つべし」として国権の拡張を支持したのである。いわゆる近代化にあって「個人の自由」や「合理の伸長」が当然のこととされてきたのであってみれば、両名とも一本やりの近代化に疑念を感じていたことは想像に難くない。

それのみならず日清戦争の前後には、陸羯南《くがかつなん》や三宅雪嶺《みやけせつれい》などによって日本回帰が主張されたり、また大東亜戦争期に日本浪漫主義が高まったことをみれば、近代主義への懐疑が、時折に表明されてきたのは事実である。しかし、全体の流れとしては近代化なる言葉はおおよそ一〇〇％に近くフレー・ワード（称賛語）として用いられてきたのである。それにとどまらず、一九六〇年代の駐日大使であったE・ライシャワーや丸山眞男などが強調したように横流時代としてのモダン・エイジは江戸期における各藩の合理的な政経運営のなかにすでに準備されていたとみる者も少なくない。そうであればこそ一九八〇年代日本が経済大国としての巨姿を現したとき、それを日本的経営の勝利として言祝《ことほ》ぐ者が後を絶たなかったのである。そして今現在も他国のと比べて日本経済が比較的に安定していることを自賛する者、少なくともそれに安堵する者が、日本では圧倒的に多数派を占めている。

西洋にあっては、とくに（産業革命を率先することによって）模流化の先達であった英国では、一八八〇年代あたりから模流化の路線に疑義を呈し、わかりやすい例でいうとW・モリスがいったような「中世風社会主義」への復古、言い換えればプレモダン（前近代）の再評価が行われはじめていた。そのせいもあって、英国の世界にたいする覇権は、次第に減衰していったのだが、それを、英国病と軽蔑する向きがとくに我が国に多かった。一般的にいって西欧には模流化にたいするアクセルとブレーキの両方を交互に踏むという文化型があるように思われる。それと比べて我が国はそのブレーキを捨ててしまって、長く連続した歴史を持っているにもかかわらず、歴史なき国アメリカとソ連が驚くような純粋さで模流化のアクセルを踏みつづけてきたといってよいであろう。

模流化のどこが問題なのか。それは、数ある模流の可能性のうちでいずれを選択するかに当たって、「歴史の英知」としての伝統が一向に省みられない点である。トラディション（伝統）はカスタム（慣習）と同じではない。物事を選択するに当たって最初に参照すべき規準、それが伝統である。そして慣習には良習も悪習もあるのだが、その良悪を仕分けする規準もまた伝統に属すると考え、したがって慣習の破壊には慎重でなければならないとする保守思想、それが「近代」の日本にあってきわめて微弱だったということだ。アメリカでも、今もなお、トラディショナルといえば因習的という悪い意味で使われているが、それと同じことが明治維新後の日本にあっても続いてきたとみるしかない。

思えばレストレーション（維新）とは、「ふたたび貯える」という意味であるから本来は「復古」のことを指す。より正確にいえば「過去の英知を未来へ向けて活かす」のが維新ということの本来の意味なのである。それを間違って「御一新」と取り違え、人間生活と社会制度の在り方を変化させることそれ自体が進歩としてもてはやされる、という上昇線の上を近代日本は登ってきた。その登り方が、大東亜戦争の敗北以来、「アメリカに追いつけ追い越せ」の標語の下にさらに加速された次第なのである。

省みるに、なぜ伝統が必要かというと国家の方向を定めるものとしての徳義にあってすでに容易には解決できない矛盾が孕《はら》まれているからだ。便利なので「ギリシャの四徳」を使わせてもらえば、正義のみの過剰はかならずや横暴に堕ちていく。逆に正義を掣肘《せいちゅう》するものとして思慮、それのみが過大に追求されると正義の反対としての卑劣に堕ちていく。同じように、必要なのは正義と思慮のあいだの、状況に応じた、バランス（平衡）なのである。同じようにして、勇気ばかりを追求すると野蛮に堕ちざるをえない。反対に勇気を制限するものとしての節制にのみこだわりすぎると、勇気の反対たる臆病にはまる。ここでも必要なのは勇気と節制のあいだの平衡だということになる。そうした平衡の知恵が、過去の歴史の成功と失敗の積み重ねのなかで、伝統の英知として示されているとみるのがフランス革命に反対したエドマンド・バーク以来の近代保守思想の神髄といってよい。

もちろんのことだが過去と未来とは同じではないのだから、伝統の英知なるものが今現在において具体的に確定されるわけではない。今というシチュエーション（状況）のなかで、時と所と場合に応じてその英知を具体的に判断し、決断し、実行していくのが保守思想の立場である。いずれにせよ明らかなのは、一つに人間の認識と徳義がつねにインパーフェクト（不完全）であり、二つに社会というものが人間如きの合理では把握し切れぬコンプレキシティ（複雑性）を帯びており、三つに不合理が余程に目立たないかぎり、変化を作り出すに当たっては、グラデュアル（漸進的）であれ、というのが保守思想の極意だ。

その意味での保守思想が明治維新このかた、我が列島にあってまことに微弱だったのである。さらに、米ソ冷戦構造のなかで、アメリカに追随することをもって保守とみなしたなどというのは、噴飯物というしかない。なぜといって、歴史感覚の乏しき実験国家アメリカにあっては、九〇年代にB・クリントンがいってのけたように「チェンジ・ナウ」（今こそ変革を）というのがその国を一色に塗りつぶすスローガンでありつづけてきたからだ。実に平凡な真理にすぎないが、「変化によって失うものは確実だが、変化によって得るものは不確実である」（M・オークショット）――ちなみにオークショットは英国保守思想の最後の大立物である――したがって「その不確実性のぶんだけ変化には注意深くあらねばならない」という知恵ある考え方は、近代日本にあっても、皆無とはいわぬまでも、復古主義もしくは反動主義として退けられつづけてきたわけだ。

その意味で日本列島は模流時代に喉元まで浸かってきたとみてさしつかえなく、そしてその水位が今や頭頂にまで達してしまっているのである。

第六節　消えることなき「自由・平等・博愛・合理」の悪夢

フランス革命から二百三十年ばかりが経過した。それにもかかわらずその革命で叫ばれた自由・平等・博愛の政治標語からどの政治党派もいかなる人間集団も解き放たれていない。それに加えてフランス革命では「理性を宗教にせよ」とまでいわれた。それを含めてリベルテ（自由）・エガリテ（平等）・フラテルニテ（博愛）・ラショナリテ（合理）の価値のカルテット（四幅対）が強かれ弱かれ近現代の社会に呪いをかけているかのように思われる。自由と平等のあいだには、能力や努力の格差を無視するようなところでは自由な競争が成り立たない、というふうに矛盾が生じる。また友愛という奇麗事ばかりを主張する相手には合理が通じない、といったような矛盾も生まれる。つまりこのフランス革命の旗印は理想の匂いを強く醸し出しはするものの、破れ旗なのである。

それ以上に大問題なのは、この理想主義には現実の裏付けが乏しいという点である。つまりオーダー（秩序）・ディファレンス（格差）・エミュレーション（競合）・センチメンツ（情操）の現実が無視されているのだ。現実的な根拠のない理想は空想にすぎない。つまり秩序なきところで自由を追い求めれば、ほぼかならず放縦へと舞い上がる。人々のあいだの自然な格差を無視した平等は悪平等という名の画一主義に固まる。競合の現実から離れたところで友愛を語りつづけるのには偽善の名を与えるしかない。合理の大前提は感情からやってくるのであるから、乏しい情操しか持たぬものの合理は屁理屈に堕落する。

むろん、理想なき現実主義の退廃ということも起こりうる。理想なきところで秩序を強調するのは抑圧への道である。格差を放置しておけば、それはほぼかならず差別をもたらす。友愛に一顧だにせずに競合に明け暮れれば、弱肉強食といった酷薄無情な現実がやってくる。理の通らぬ形で、感情を膨らませるのは熱狂にすぎない。

必要なのは、理想を内包する現実であり、現実に裏付けられた理想なのである。つまりここでも理想と現実のあいだの平衡が要求されるわけだ。その平衡に抽象名詞を与えてみれば、自由と秩序の平衡はバイタリティ（活力）——ここで社会秩序を作るのも、人々の活力によってだということに留意しておかなければならない——、平等と格差の平衡はフエアネス（公正）、博愛と競合の平衡はモデレーション（節度）、そして合理と情操の平衡はボンサンス（グッド・センス、良識）ということになろう。そのことをしっかりと押さえておけば、国家の玄関や床の間に掲げられるべきノーム（規範）のスローガンは活力・公正・節度・良識の四幅対だということになる。

しかし近代に入った各国は、今に至るもなおこの四幅対を堂々と掲げようとはしていない。おそらくは、現実には非難のみをあびせ理想のみを語ることによって人々の関心を引こうという政治家や知識人のあざとい意図に発してのことなのであろう。ここで念のため注意を促しておくと、理想と現実のあいだの平衡というのはけっして両者を足して二で割るようなエクレクティシズム（折衷）ではない。折衷というのは理想を弱め、現実を軽んじるところに生まれる理想と現実のあいだの半端な妥協にすぎない。平衡を（孔子やアリストテレスに倣って）中庸と呼んでみても、それはいわゆるミドルウエイ（中道）とは似て非なるものである。折衷といい中道といい、理想と現実のあいだに鋭く深い矛盾がわだかまっていることに気づいていない。ここで活力・公正・節度・良識というのは、理想と現実のあいだに危機が胚胎していることに十分に留意しつつ、なおも両者のあいだでバランスをとろうとする、きわめて困難な作業を指すのである。

そんな難しい作業案が今生きている人間如きの粗末な頭脳からはじき出されるとは考えられない。十八世紀西欧の啓蒙主義の時代にあってならば、人間のペルフェクティビリテ

（完成可能性）が信じられていたので、言い換えれば人間が神に取って代わろうとしていたわけだから、そういう難しい作業も可能だとみてよかったのかもしれない。しかし、そのあとの人類史に幾つもみられた大殺戮や大混乱をみれば、人間が知性においても徳性においても不完全性を免れないことは今さら指摘するまでもあるまい。そうだとすると、この平衡の知恵は歴史の伝統によって辛うじて示唆される類のものだとみるほかない。つまり理想に狂舞したり、現実に凝固させられたりしてきた長い歴史の経緯から、両者の平衡の何たるかを洞察するということである。

だが、活力・公正・節度・良識を現在において（未来へ向けて）具体化することをまで伝統は教えてくれない。それを試案として定めるのは今生きている人たちの判断と決断と実践によってである。それは試行錯誤の過程であろうから、それを矯正すべく、議論と決定が休みなくつづけられなければならないということになりもする。その意味で政治の未来は暗闇のなかにあるといってさしつかえない。しかしそれは過去の経験を参照し人々の審議を経ているという意味で全き不確実性というのではない。たとえ明確な形式と豊富な数量によって予測できないとしても、大まかな形において予想・想像しなければならないしそうできるのが、ここでいう平衡感覚なのである。

近代の政治を振り返ったとき、一例を最低生活保障額にとってみれば、今の日本でいうと十五万円前後の一定範囲内に収まる提案しか出てこないはずである。その範囲内での微差をめぐって政治的争いをやってもかまわないのだが、しかしその標準値は活力・公正・節度・良識という伝統の英知からやってくるということを忘れてはならない。逆にいうと、この英知を度外視してしまうと、現実性なき理想論を振り回したり、理想性の乏しい現実策に拘泥したりといった有り様になる。今一度いいたい、活力・公正・節度・良識、その観念を伝統から導き、そしてその観念の具体化について状況のなかで吟味せよ、そうすれば国家の安定した基本構造が定められるのである。

第七節　「文明の衝突」論はさほど説得的にあらず

今から二十五年ほど前のことであったが、F・フクヤマが『歴史の終わり』という書物を物した。それは米ソ冷戦構造の崩壊をうけて、「歴史は異なった理念間の矛盾・葛藤の弁証法的展開として発展する」というG・ヘーゲルの歴史観に従い、自由主義の理念が社会主義に完全勝利したのだから、歴史は終焉すると論じたものである。それをうけて、フクヤマの師に当たるS・ハンチントンが『文明の衝突』を発表した。

ハンチントンの説の第一の特徴は首肯すべきものであって、「文明の基底には文化がある、そして文化の基底には宗教がある」ことを前提としている。ここでもすでに論じたようにシヴィライゼーション（文明）の本来の姿はそういうものであろう。いわんや西方キリスト教圏とイスラム教圏とのあいだに覇権的武力先制攻撃としての「侵略」とそれに抵抗する非合法の暴力としての「テロル」とが終わりのみえない衝突をしているのであってみれば、ハンチントンの説はまことに時宜《じぎ》を得たものとひとまず思われはする。彼はそのほかに儒教にもとづく「中華文明」圏、インド亜大陸の「ヒンドゥー文明」圏、「イスラム文明」圏、「ロシア正教会文明」圏、「西欧文明」圏の類別があるとしている――そのほか土着の文化との融合が顕著なカトリシズムに傾くラテンアメリカ文明、宗教感覚があまりにも混迷しているため文明の名に値するかどうかすら疑わしいアフリカ「文明」、そして、様々な宗教が習合させられている日本文明という文明パターンの存在も指摘している――。

これらの文明のあいだに衝突が現に生じ、その衝突が解決される見通しがないのは確かである。しかし、それは各文明の基盤たる宗教が社会の前面におのずとせり出してきたことの帰結だ、とみてよいのであろうか。ブッシュ・ジュニアの先導したイラク侵略後の世界的混乱をみれば明らかなように、宗教の突出は軍事の衝突によって誘発されたものである。しかもイスラム原理主義とやらがその見本であるように、相当むりやりな形で人為的に創出された宗教運動が世界の前面に押し出されているといった気配である。つまり、文明の技術化としての「文明の紊乱」が宗教の衝突を創出しているといってさして過言ではあるまい。そうならばまず論じられるべきは文明の技術化にもとづく資本主義がもたらしている帝国主義、それが文明の衝突の真相だということになる。

むろんのことだが、様々な民族・国民・集団は宗教性やそれにもとづく道徳性を完全には失っていない。だから「文化の衝突」という次元を無視してよいというのではない。だが、ハンチントンの世界観は、自国アメリカのウルトラ帝国主義を隠蔽するための人工的な文化至上論だといわれて致し方ない、少なくともそのにおいが強い。

その証拠に東方正教会のロシアが、シーア派のイスラム教国たるシリアのアサド政権を応援しているし、キリスト教のプロテスタンティズムとカトリシズムとの混淆を主体とするアメリカは、ユダヤ教のイスラエルやイスラム教のシリア国民連合に肩入れしている。要するに文化の衝突を上回るものとして軍事的かつ政治的な覇権のせめぎ合いが「侵略とテロ」の応酬を招来しているとみるほかない。その衝突から生じてしまっている巨大な移民・難民の問題も、宗教的衝突の前に、それが経済や政治の混乱を招いているという点に注目せざるをえないのである。

いずれにせよそうした衝突状態のなかで我が国がほとんど無風状態を享受しているとい

うのは、日本の宗教性が希薄なお陰であろうか。そうとは考えられない。我が国の静穏ぶりには、地政学上の理由もあるにはあるが、それ以上に「日米間における一〇〇％の軍事同盟」を掲げて、アメリカの背後に隠れていることの帰結だとみたほうがよいであろう。だがそのアメリカがトランプ新大統領が宣言しているように、「世界の警察」という立場から多かれ少なかれ降りようとしている。また米中露三国のあいだの軍事的な押し合いへし合いも状況適応的なもので、きわめて不安定な姿をさらしている。加えて西欧文明にあっては、ブレグジット（英国のEU離脱）を切っ掛けとして自己分解の危機にさらされている。つまり現代世界の混迷を宗教的な衝突として描き出すのには無理があると思われてならないのである。

とりわけ注目すべきは我が日本が、その宗教感覚の弱さのゆえに「孤立文明」とみなされている点である。たしかに我が国は宗教色の薄い国であり、そうなったのは様々な宗教がこの列島で一種のハイブリディティ（雑種性）を顕著にしているからだといえよう。だがその雑種性は「包括的な宗教感覚」とみることもでき、その包括性のせいで日本人のモーラル（道徳）やエシックス（倫理）が、モーレス（集団の慣習）やエートス（集団の情熱）の有り様を複雑なものにしていることは否めない。しかし、その雑種性なり包括性なりは、一方でナショナル・アイデンティティを失わせる要因でありうると同時に、「異文化衝突から生まれる創造性」の起動力ともなりうるものである。それがもし文明の紊乱をもたらしているのだとすれば、それは日本人がみずからの文化的雑種性を想像力や創造力の源とするのに失敗しているからだということになる。

何よりも大事なのは大東亜戦争の敗北のあと、日本は国家としての独立性・自律性を喪失しゆくばかりだという一点ではないのか。かつてT・ヴェブレン――この人の名前なんか日本人は知らないと当編集部が文句をつけてきたが、しかし、「一九二九年の大恐慌」が勃発する時期まで予告したことのみならず、「アメリカ経済学会の会長」に就任してくれとの要請を断ったことでも有名なのがヴェブレンなのだ――という社会経済学者がユダヤ人と日本人の進取性はどこにあるかと論じて、ユダヤ人が流浪の民として様々な異文化に接触したこと、そして日本列島に様々な異文化が流入したことを指摘し、その異文化衝突を調停せんとする営為のなかから両者の進取性が生まれたのだとみた。そうみるのがどこまで正しいかここでは確言できないが、必要なのはおのれの国家がどういう文明の遍歴を、また道徳性の変遷を味わってきたかということにかんする自己認識である。この七十年余がアメリカ

ソースティン・ヴェブレン
(1857-1929)

追随の一辺倒に傾いていたため、そうした自己認識の力量が甚だしく減衰してしまった。それが我が国をして孤立文明の度をさらに深める恐れすら少なくない。その意味で最も深刻な危機に直面しているのは、その危機を自覚できていない我が国だとみるのが妥当ではないのか。

第八節　なぜいまふたたび、日本人論なのか

危機の世界のなかで、日本の国会も世論も様々な政策論議を始めている。憲法改正に始まりデフレ阻止を経てインフラ拡充に至るまで我が国の「安全と生存」のことを日本人の多くが気にしはじめているということなのであろう。しかし、それらの政策を受け入れるのも為し遂げるのも日本人自身である。ところが、近代化とその絶頂ともいうべきグローバリズムとの波に洗われているうち、日本人はおのれの正体を見失ってしまったとの感が深い。日本人論が必要となる所以である。

昭和の末までは、「日本人とは何かについて議論しつづけている人々のことである」との皮肉が罷り通っていた。それは、明治維新このかた、西洋に発する近代化を休みなく受け入れたことからくる日本人の自己不安の現れだったのであろう。とりわけ大東亜戦争後

は、その近代化にアメリカナイゼーションという強い色調が帯びさせられた。そのことへの不安も加味されて、日本人論が止むことがなかったのである。しかし平成に入ってからは、そうした近代化が、そしてその極致としてのグローバル化が、むしろ自明の路線とされ、その結果、日本人とは何かを問う声も消え去ったのだと思われる。しかし、グローバライゼーションが暗礁に乗り上げるとなればそうもいかない。いまふたたび日本人の本性が問われるときがやってきたのである。

本節では、日本人論が何をめぐって行われるべきかについて、論点を整理しておこう。第一に政治についていえば、「民主主義の盲信」と「議論の絶滅」とがなぜ生じたのかが問われなければなるまい。西欧では古代ギリシャの昔から「民主主義は最悪の政治形態より、少しよいだけの代物である」(W・チャーチル)とみるのが主流でありつづけてきた。いや、B・ムッソリーニのファッシズムが「民衆の喝采」によって迎えられたことや、A・ヒットラーへの「授権法」によるナチズムの独裁権がレファレンダム(国民投票)によって決まったことや、ヨシフ・スターリンの独裁も労働者農民の全面的支持という名目で遂行されたことや、毛沢東のそれも紅衛兵の歓呼によって迎え入れられたことなどを思うと、民主主義が民主主義的な手続きによってみずからを否定して、その反対物たる独裁政治へと至ることもあるとわかる。その意味で最悪の政治の可能性を孕むのが民主主義だとみておかなければならない。

そういう視点が我が国では皆無であった。いや、戦前にあっては大正デモクラシーの旗手たる吉野作造の民本主義にあってすら、日露講和への不満が「日比谷焼打ち事件」を生じさせたことにかんし、民衆への半ばの疑惑が表明されていた。ところが大東亜戦争敗北後はアメリカン・デモクラシーへの拝跪《はいき》が行われたのである。J・ダワーの『敗北を抱きしめて』という書物があるが、それは敗北を抱きしめて日本人が日本人らしさを取り戻したという話ではまったくない。逆に敗北を抱きしめてよくぞアメリカン・デモクラシーを普及させたということを記述しているものときている。A・ド・トックヴィルが、日本でいえば江戸の文化文政の頃に、アメリカン・デモクラシーは「ティラニー・オヴ・ザ・マジョリティ（多数者の専制）」をもたらしていると見抜いていたというのに、戦後日本人はそんな平凡な歴史的事実をすら完全忘却してしまっていたのだ。

代議制あるいは議会制民主主義の本質はトレランス（忍耐と寛容）の精神にある。つまり、多数派にあってみずからの意見が間違っているかもしれないと構える忍耐力があり、したがって少数派の意見にも耳傾けるべき場合があるかもしれないとの寛容力を持ちつづける点にある。ところが戦後民主主義にあっては、「民主主義は数だ」（田中角栄元首相、小沢一郎元自民党幹事長）との弁が議会のどまんなかで罷り通ってきた。結論をいってしまえば「民主主義を疑う者たちによる民主主義」、それのみが民主主義を真っ当なものにするという見方が近代日本にあってほとんど無視されてきたのである。

第二に経済についてみると「イノヴェーションの歓迎」と「豊かさのひたすらなる追求」が日本の近代経済を彩ってきた。すでにみたようにイノヴェーションは短期的には便利なものであっても、長期的には人々の経済生活を混乱させ、経済の未来展望を危機に陥れる。そもそも経済とは、「国家における経世済民(世を助け民を救うこと)」であり、それを英語でエコノミーといってもオイコス(家)のノモス(在り方)を健全なものにすることを指す。その経済の根本すらが忘れられてきたのである。

加えて、物質面における富裕を至上の価値とするのには(古代ローマでいわゆるストア派つまり禁欲主義派の指摘した)いわゆる「快楽主義の逆説」がつきまとう。つまり豊かになればなるほど、まだ実現されていないわずかな豊かさについてかつてなく不満が募るのである。かつてJ・K・ガルブレイスが著した『ゆたかな社会』にあっても、アッフルエンス(豊かさ)のなかで社会的に重要なものがエッフルエンス(流失)の憂き目に遭うことが指摘されていた。そのことにすら気づかずに豊かな社会をひたすらに追求するのは戦後の経済戦略となってきたのである。

現在は不定期雇用者の貧困が取り沙汰されているが、その前に豊かさの追求それ自体が国民をかならずしも仕合わせにしない、ということが確認されなければならない。デフレ脱却もインフラ充実をいうのもひとまず是としなければなるまいが、少なくとも平均において（つまり個人レベルにあって）世界で最も富裕な我が国にあってすら、ヘドニズム（快楽主義）のパラドックスに悩まされているということも明らかである。

第三に社会についていうと「マスソサイアティ（「模流」社会）への無批判」と「ハイマートロス（故郷喪失）感情の拡大」とが挙げられる。物質的な豊かさと社会的な等しさをのみ追求するバラバラな個人の巨大な集積、それが日本の都市文明の実態といってよい。——そして後者の「等しさ」という価値にも、まだ残る微小な格差にたいして異常なまでに不満がつのる、というエガリテリアニズム（平等主義）の逆説が生じる——。またそれに伴い、東京への一極集中が進み、地方の都市や田園が荒廃にさらされている。独語でハイマートロスというのは英語でいえばホームレスのことにほかならないが、現代日本人は、平均型としては、有り余る富裕・平等のなかで故郷喪失の失望感を心中ひそかに膨らませているといってよいのではないか。

最後に文化についていえば人々の人格における「インテグリティ（総合性・一貫性・誠実性）の喪失」と「文化の包括性にたいするコンプリヘンション（包括的理解）の消失」とが挙げられる。すでにみたように世界中の文化が流入する場所としての我が列島は文化的多様性に満ちている。しかしそれらの相互の繋がりを包括的に理解する思想が次々と衰弱しているのである。そのようにしたのは文化の一側面にのみ関心を寄せる者としてのスペシャリスト（専門人）が大量跋扈《ばっこ》したせいだといわざるをえまいが、そのことを逆にみると哲学や思想や文学にかかわる表現が貧血状態に陥っているということでもある。

そうした社会病理が進行するのに随伴して、個人としての日本人の人格もまた融解しつつあるといってよいのではないか。現代の日本人はオキュペーション（職業）に心身をオキュパイ（占拠）されて単なる（会社員という形での）職業人に化しつつある。それは人間がみずからの人格をせせこましいものに縮退させるのと同じことである。しかもそこに時々刻々と変化する「模型の流行」という風潮がはびこるのであってみれば、それに流されて、その狭隘《きょうあい》化した人格もまた当て処なき漂流状態をつづけるしかない。端的にいえば日本人の考え方や振る舞い方が時間的に持続しえなくなったということである。

いまふたたび日本人論が必要なのは、こうした政治・経済・社会・文化にわたる日本人の精神と態度の頽落からいかに逃れるか、ということを主題にせんがためである。

第九節　日本人論の数々——概観と雑感

　長く生きていると色々な書物群を読んだり瞥見《べっけん》したりする。日本（人）論についてもあれこれの記憶があるが、しかし、述者の場合、物事についての大まかなパースペクティヴ（見晴らし）を得ることが主眼であるので、その読書体験はいつも雑駁なものにすぎなかった。そのことを告白した上でカレンダーイヤーに沿って記憶を整理してみると、次のようなものになる。まず聖徳太子の（六〇四年に書いたといわれている）十七条の憲法のことが思い起こされる。しかし述者の覚えているのはその第一条に「和を以て貴しと為す」とあり、第十四条に「群臣百寮、嫉み妬むことあるなかれ」とあることくらいだ。いや、そのほかに「群卿百寮、礼を以て本とせよ」という（いわば仏儒習合の）道徳論もあったはずだ。

　いずれにせよ、蘇我氏が物部氏を滅ぼしたあとのことであるから「和」を大事とせよと（太子が宮廷の官吏たちに）いったのは、この国にあってもいかに争い事が絶えないかということの逆の表現とみるべきだし、「嫉妬」を諫めているのも、日本人もまた往時からいかに嫉妬深いかということの証言だとみるべきだ。なぜそんなことを確認するかというと、「日本人は（災害時での助け合いにみられるように）平和で互いに仲のよい民だ」という俗説が今に至るも絶えないからである。ついでに付け加えておくと「礼」を大事だとしたのは、またほかの条で「怒りを抑えよ」といっている（はずな）のは、前者は儒教の教えに沿うものであり後者は仏教のそれに倣うものだとみるほかなく、すでにこの国に文化の混淆が始まっていたことを明文化したものといえよう。

その後（藤原氏の権力掌握の開始とみなされている）「大化の改新」の内乱や「白村江《はくそんこう》の敗北」や「壬申の乱」などが続いたのであってみれば、中国のいわゆる律令体制の導入にもさまざまな混乱が伴った様子がみてとれる。また仏教の導入にしても、奈良時代にすでに「本地垂迹説《ほんじすいじやくせつ》」にもとづいて、旧来の日本流アニミズムに発する神々を（仏によって救済される）下位の神々とみなすという「神仏習合」に取り込まれたことを思うと、日本文化の雑種性は歴然としているといってよい。

八世紀初めに記された『古事記』をどう位置づけるべきか、その中国を範とする「からごころ」の姿勢に立つ国造《くにづくり》の物語は、万世一系説の始まりという点を強調すべきではなく、日本人がストーリー（物語）としてのヒストリー（歴史）を語るのに巧みであったことを確認しておくべきであろう。その書物への綿密な解釈が行われはじめたのは江戸期に入ってからのことではあるが、国家がいかにして形成されたかについての三説つまり「他民族の支配」説、「優越階級の支配」説そして「神話の共有」説の三つのうち、日本人の歴史観にあって三番めの「神話」説が最も有力であることを証していると述者には思われた。——今、今上《きんじょう》陛下の「生前退位」にかんしその是非や法律改正の当否がかまびすしく論じられているが、そこに欠けているのは、「何ほどかのリアリティをもったミス（神話）」が言語的動物としての人間の集団にあって最も深い底層にあるということが確認されていないということである。たとえば、男系天皇が百二十五代続いたというのは事実かどうか、ということばかりが論議の的となっている始末である。『古事記』におけるいわゆる天孫降臨説などは、外国からの価値や権力の導入を神話化したものであって、それを神話として受け入れる度量がありさえすれば自分らの歴史を（事実というよりも）「事実をめぐる物語」とみなすことができるはずなのである——。なお「やまとごころ」に立つものとしての『万葉集』が日本人の自然にして健康な感情を歌い上げていることは誰しもが知っている——。

平安期に入って日本は、中国大陸との交流を断ちつつ、空海の発明による（といわれている）平仮名に如実にみられたように、独自の政治および文化の圏域を形成しはじめた。その方向にあって着目すべきはいうまでもなく『源氏物語』であろう。それへの徹底した解釈が施されたのも江戸期に入ってからのことではあるが、日本人が「自己の、他者との関係のなかで展開される、感情・情緒・情念の運動」といったものに、いかに敏感であるか、それを示しているのが源氏物語である。述者はそれを読み通したことすらないのだが、そこに（他国と比べて驚くべく早期に）人間の感性というものの自律的な動きに、それのいささかならぬ「手弱女《たおやめ》」ぶりに辟易《へきえき》しながらも、人間の言語活動が論理のみならず感情によって、というより感情を細やかに仕分けする論理――C・レヴィ＝ストロースのいった分割主義《ディヴィジョニズム》――によって、展開されるものだということがはっきりと示されている。しかし、それを日本人の心性や行動の目立った傾きとみなすことは可能であろうが、日本人にのみ特殊なことではあるまい。中国大陸や朝鮮半島との文化交流が少なくなった時期、つまり「日本列島」が一個の「コスモス」（宇宙）として「自立した時期」に論理の前提や組立てに感性というものが濃密につきまとうということがその書によって示された、と述者は受け取っている。

平安末期から鎌倉期において日本人論として特筆されるべきは、まず鴨長明の『方丈記』や吉田兼好の『徒然草』におけるいわば人性論と社会論とにおける「物事の深奥を深く諦《あきら》かにする」という意味での「諦念」であろう。両者は、源平合戦と南北朝合戦（つまり鎌倉期の初めと終わり）というふうに時期を隔ててはいるが、この世の「無常」のなかで生きそして死ぬにはいかなる境地に立つしかないかを深く考え抜いた作品といってよい。そして両者とも「無常のなかでの自然」を探して「不動の感覚」（長明）や「諧謔《かいぎゃく》の精神」

（兼好）に近づいていったのだと思われる。

だが日本人の心により深く残っているのは、それ以上に（後代に書かれたものだが）『平家物語』における「敗北の美学」によって語られる「宿命論的な歴史観」であり、そして鎌倉新仏教の登場ではないのか。前者における「諸行無常」と「盛者必衰のことわり」は、それが徳川幕府であれ大日本帝国であれ、その後、日本人が何度も耳にすることとなった歴史の弔鐘なのである。

浄土宗および浄土真宗は阿弥陀仏をいわば一神として念仏による人間的苦悩の救済を訴え、法然の修行論が親鸞の信心論となることを通じて、たとえば「悪人正機（悪人こそが阿弥陀仏によって救われる可能性が高いとする説）」などが唱えられつつ、それは農民をはじめとする一般庶民の心にまで深く食い入っていった。道元による曹洞宗は、主として只管打坐《しかんたざ》（座禅の修行）と「不立文字《ふりゅうもんじ》」を行うことを通じていわば人間意識の最深層へと降り立つことを要求した。それが主に武士階級によって受け入れられ、いわゆる武士道なるものの意識に（死の自己意識という形での）根元を与えることとなった。それと同時に、「貴人に侍《さぶら》う」者たちに、その代償として「土地の支配を任せられる」という安堵の制度が、つまり「契約の観念」が定着していったのである。

話を宗教のことに戻すと、少し遅れて日蓮は「立正安国」を唱え、念仏や座禅といった

「行為なしの意識」などは無効だとして、元寇襲来の直前にあって、国民の政治意識と宗教意識を合体させるべく法華経を中心において宗教を実践の場へと連れ出した。日蓮宗は、その後、近代に至ってもなお、様々に枝分かれしながら、政治と宗教のかかわりに関与することとなったのである。

もちろん平安期に始まった空海の真言宗も最澄の始めた天台宗も、それぞれ密教的な祭儀を中心にして（人間のスピリッチュアリティつまり霊性を示さんとする運動として）健在でありつづけた。――ちなみに述者は、神道のであれ奈良平安の旧仏教のであれ鎌倉の新仏教のであれ、人間精神の「霊性」なるものに多大の関心を持つものの、それはあくまで抽象のレベルのことであって、具体のレベルでは（語ってもよいが）「嘘偽りの少ない経験論」として描写されるべきだと思う――。ともかく以上を合わせて四種類の宗教形態は、わかりやすくいえば、親鸞は（社会的）伝達に努め、日蓮は価値意識の（政治的）表現に、道元はその尺度（文化的）追求、そして旧仏教はその蓄積（歴史的）経験を重んじた、と分類できよう。追加しておくと一遍の始めた時宗は、いわば踊る宗教として宗教意識を身体次元にまで引き降ろしたものであるから、言葉による説明を超えた次元に入り込んでしまったといえる。いずれにせよこの時期に宗教的な意識と行動のありうべき基本型のすべてが開示されたのである。

その後、室町（足利）期と戦国期の内紛と内乱が長きにおよんだ結果、みずからのナショナル・アイデンティティを問う声すらがこの列島から失せていった。いや、そうであればこそ、佐々木道誉《どうよ》らの「婆娑羅《ばさら》」の精神が、いわば「死活の戦いの前での芝居の演出」として、戦士たちの心をとらえた。そしてその逆方向に、世阿弥を中心とする能の表現が、日本人の想像力を（「幽玄」の感覚を中心にして）開拓していった。それは生と死（過去と現在）のあいだのいわば限界状況にある（武士たちの）人間精神の内面界に深く沈潜してみせたのであり、いわば日本人における実存の心理も表現したといえなくもない。なお、雪舟の水墨画や千利休の茶の湯に日本人の美意識を探ることも可能なのではあろうが、その美意識が日本の社会制度や国家意識とどう繋がっていくのか、述者には「日本における繊細の精神」という以上のことをいう能力がない。

その末期にF・ザビエルの運び込んだ（ジェスイット派のカトリック）キリスト教が、とくに「パライソ（天国）」の思想をこの列島に注入しようとした。しかし、ジェスイット派のユニヴァーサリズム（普遍主義）のうちにスペインやポルトガルの覇権意志が張り合わされていることを見抜いた秀吉や家康によって、その西洋の宗教は禁圧された。私見ではそうするのが日本にとって必要であり有益ですらあったと思われるが、しかしそれと同時に国内では、宗教への政治介入のせいで、宗教のすべてが単なる儀礼へと堕ちていったことを見逃すわけにはいくまい。それのみならず信仰なるものが単なる個人心理の次元に押し込められ、信仰が絶対・超越・崇高の次元を仰ぎ見る信仰願望集団のカビナント（盟約）として成立する、という宗教と社会とのかかわりもまた見過しにされることになった。とくに問題であったと思われるのが、その「盟約」において展開されるはずのいわばカテキズム（教理問答法としての宗教哲学つまり神学）がこの国で発達せず、理と切り離された心の問題のなかに信仰が封じ込められた、という経緯ではなかろうか。

そうであればこそ、江戸前期に伊藤仁斎《じんさい》が、「古義学」と称して儒学の古典を新たに解釈し直しつつ、朱子学を批判して、人々の生の次元における感情の深さや道徳の重みを重視せよと「仁」の思想を唱導したのである。江戸幕府は林羅山などによって「礼学」を単なる儀礼にまで縮めた朱子学をいわば官学として採用した。そのことにたいする批判が、仁斎によって始められたということである。

この流れは中江藤樹《とうじゅ》や熊澤蕃山《ばんざん》などによる陽明学と軌を一にしているということができる。つまり知行合一の見地から、朱子学のような空理に滑るのではなく、人間の生の「時と処と位（立場）」に応じて具体的な実践と結び付くような、人間・社会への解釈が陽明学によって切り開かれたのである。この流れは幕末における「大塩平八郎の乱」や「幕末の志士たちの討幕」の思想と行動にまで連なっていったとみてよいであろう。

それとはかなりに色調を異にする流れとして、荻生徂徠《おぎゅうそらい》が「古文辞学《こぶんじ》」を立ち上げつつ、ということは古代中国における「中庸」という形での「矛盾の処理」を礼学に担わせながら、幕府や藩の運営にかんして合理的で現実的な態度をとった、ということも記憶されるべきである。たとえば彼は、あの有名な赤穂浪士討入事件にかんし、いわば法治と徳治とをバランスさせて、浪士たちへの「切腹」といういわば「名誉付与を伴う制裁」を遂行したのである。その「封建」における契約観念の発達は合理論に則るものであり、江戸期においてすでに「現実にたいする合理的な対策」という意味での近代主義の思想が育まれていたということができる。各藩の運営においても、同様のことが起こっていたことは推測に難くない。たとえば米沢藩の上杉鷹山《うえすぎようざん》がそうであったし、幕末においていわば守幕開国の立場をとった小栗上野介《おぐりこうずけのすけ》らの合理的開明派もその流れに属するといえよう。

これとは別の流れとして「国学」が、日本国の人間観と歴史観をあらためて問い直すものとして、契沖《けいちゅう》の「仮名遣」研究を嚆矢《こうし》に、賀茂真淵《かものまぶち》の『万葉集』をめぐる（古道説と称される）解釈は日本人の自然な感情表現に焦点をおくものであり、その方向は本居宣長によっていっそう深められた。あっさりいえば、『古事記』研究は日本独自の歴史観を打ち立てるためのものであり、また『源氏物語』研究は、宣長のいった「もののあはれをしる」ことという言葉に代表されるように、つまり人間が自然や他者にかかわるときに、宿命的に訪れる「あはれ」という心情からの逃れ難さ、それを知ることこそが人間の死生観のあるべき姿だと宣明されたわけだ。それは外来の「からごころ」から脱して日本に本来の「やまとごころ」を取り戻そうとする営為でもあった。

述者は山崎闇斎《あんさい》のような「垂加神道」における神秘主義や江戸末期における平田篤胤《あつたね》の「古道神道」の（冥界とやらにすら及ぶ）情念論などには疎遠な気持ちしか持ちえない。とはいえ、国学全般に通じる日本国の歴史的に形成され来たったアイデンティティを求めんとしたその姿勢は、西洋諸列強の覇権が徐々に日本列島に近づいてきたのが江戸期であったことを考えると、当然起こるべくして起こったものとみざるをえない。

そのほかにも石田梅岩《ばいがん》の「石門心学《せきもんしんがく》」に代表されるように、一般庶民のレベルでの（とりわけ町人の勤労をめぐる）日本人の生活者としての在り方つまり「実学」が論じられてきたことも見逃すわけにはいかない。その流れは江戸中期の安藤昌益《しょうえき》による「人間と自然の調和」の思想や山片蟠桃《やまがたばんとう》の唯物論的な世界観へと発展し、さらに江戸末期の二宮尊徳による「農耕生活の知恵」へと続いていった。さらに文芸の方面にあって松尾芭蕉の俳諧は、いわば世俗（流行）を旅しつつ脱俗（不易）を表現するものとしての「かるみ」の精神を彫琢し、日本人の暮らしのただなかに言葉の芸術を持ち込んだのであった。

なお、平和の続いた徳川の中期に入るころ、山本常朝《つねとも》が『葉隠』を書き、武士道の何たるかを論じた。それは武士道が廃れゆくことへの抵抗にほかならないが、それの残した二つの科白、つまり「武士道というは死ぬ事とみつけたり」というのと「人間一生まことに纔《わず》かのことなり、好いたことをして暮らすべきなり」とのあいだの矛盾（の容疑）は後世の武士たちに（思考することを要請する）謎として残されたのであった。――なお、述者としては、「最も好きなことは死ぬ理由と状況をみつけることだ」とみなせば、その矛盾はすぐ解けると考えている――。そして、水戸の会沢正志斎《せいしさい》や長州の吉田松陰の「尊皇思想」は、日本の「国体の名分」を天皇に求めつつ、それに伴う攘夷か開国かについては状況の転変につれて紆余曲折を経たとはいえ、それまた武士道と陽明学の両系譜に立つ実践思想であったといってさしつかえない。

なお、佐久間象山《しょうざん》をはじめとするいわゆる蘭学としての実学は、その「和魂洋才」の標語は人口に膾炙《かいしゃ》したとはいえ、日本人論としてみるべきものがあるとは思われない。要するに蘭学は兵学をはじめとする狭い意味での実用（有用）の学にとどまったのであって、洋才に馴れ親しめば和魂が消え失せて洋魂に取って代わられる、という当然の心理学および社会学について蘭学派は無頓着だったのである。

いや、この無頓着が近代日本を広く覆うことになったといって過言ではなく、その結果、宗教観や歴史観にもとづく日本人論が次第に姿を消していった。つまり、和魂洋才の看板は今もなお日本国家から取り外されてはいないのである。技術大国になりおおせた現代日本が、内部の文化的混迷や外部からの政治的軍事的圧力にさらされるとき、多くの日本人は自分らを安堵させるべく、和魂洋才で日本の国柄を守ろうと言いつづけているのである。かつての朱子学の性即理（簡略にいえばこの世の事物の法則性が人間の生をも貫いているとする見方）も単純化の行き過ぎだが、「心魂と才術」の二分法も無理の多い見方だ。

以上、江戸期の日本人論を振り返れば、まさしく群盲象を撫でるが如く日本人の輪郭のそれぞれ一側面にのみ光を当てたものが群居していたといってよいのではないか。その挙げ句、明治維新の「維《これまた》」は温故知新と同意であるということすら忘れられて、いわゆる文明開化の「御一新」が始まったのだ。それにつれ薩長にたいする会津藩の抵抗（というより会津の恭順をも踏みにじる薩長への抗議）や、そのあとに起こった「不平武士の反乱」と呼ばれている「西南の役」などは、維新における単なる逸脱のエピソードとして語り継がれるにすぎなくなった。そうしたリアクション（反動）の経緯にこそ日本人らしさを守ろうとする精神が込められていたのではないか、という問すらが忘れ去られたのである。

詳しくみると明治期における（「明六社」などによって率いられた）開化論の流れにあっても、すでにみたように福澤諭吉や中江兆民に顕著にみられるように、思想としては儒学の道徳論が（ほとんど無自覚のままに）継承されているし、それには江戸期における（山本常朝の

『葉隠』に代表される）武士道すらが引きずられていたとみてよいであろう。同じ傾きが岡倉天心による東洋精神の弁護論にもみられるといってよい。明治大帝の（由利公正の原案になる）『五箇条之御誓文』における「万機公論ニ決スヘシ」の要請は、藩閥や政党の私論がはびこること少なくなかったとはいえ、武士道の残影のおかげで、日清・日露の戦さを成し遂げつつ、かろうじて守られていたといえるであろう。その端的な例を挙げると、キリスト教に改宗した新渡戸稲造と内村鑑三すらが明治三十年前後、前者は『武士道』において後者は『代表的日本人』において、武士道を日本人の道徳論として打ち出している。――いや、両名が自分らの信仰であるはずのキリスト教を持ち出さずに武士道の方向で道徳論を展開したのは、日本人がいかに形而下の事柄に関心が深いかの逆証だ、とみるべきかもしれない――。

しかし、新渡戸自身がその書の序文で認めているように、明治三十二年においてすでに武士道は姿をほとんど消していたのである。明治の初めから、開化に揺れる日本人の不安の心理は樋口一葉などによって鋭く表現されており、その流れの果てで、夏目漱石はその最晩年にあって、『現代日本の開化』という講演で、日本の近代化が「外発的であって内発的ではない」ことに警鐘を鳴らしたのであった。森鷗外も日本の歴史という土壌にみずからの物語を植えようとしていた。明治、大正、昭和の近代を総じていえば、その日本人論は「百家争鳴」というか「様々なる意匠」(小林秀雄)というか色々な思想実験が入れ替わり立ち替わり現れたにすぎない。自然主義(田山花袋、葛西善蔵、島崎藤村)も試みられたし浪漫主義(落合直文、高山樗牛)も求められた。大正期にはまず民本主義(大正デモクラシー)が唱えられ、また教養主義(武者小路実篤、志賀直哉)の看板の下に西洋近代の新しい動きが紹介され、それに応じて「教養ある人格」が理想とされた。明治末期からは社会主義(幸徳秋水、徳永直)も提起され、感覚主義(横光利一、谷崎潤一郎、川端康成)も実験された。そして「日本」浪漫主義(保田與重郎、蓮田善明)が唱えられ、またしても『古事記』や『万葉集』などから「日本の魂」が拾い出されようとした。そしてもちろん日本改造のためのウルトラナショナリズム(北一輝、大川周明)も試みられ、また日本人の精神の根源的な形を「無の思想」に求め、西洋の合理主義を何とか乗り越えようとする京都学派(西田幾多郎)の活躍もみられた。それらを通じていえるのは、一方で個人心理の内面にみずからを閉塞させると同時に、他方で理想への飛翔もしくは過去への回帰のなかにみずからを昇華させる、という統合失調的な動きであったといえよう。

あえて一言でまとめれば、ハイブリディティ(雑種性)ゆえのコンプリヘンシヴネス(包括性)によって特徴づけられる日本文化は、それらを統合するプリンシパル(原則)へ向けての思索と討論が不足するなら分解するほかない、という危険につねにさらされてきたのである。そしてその危険が現実のものとなれば、最も「刺激性と流通力」の高い（ということは最もヴァルガーつまり俗悪きわまる）新奇なアイディアが社会を席捲することになるのだ。たとえば（左翼方面で持ち上げられてきた）自由民権運動などは、その渦中におかれた兆民が自認しているように「ゴロツキの所業」とみなされて致し方あるまい。

少し遡るが、一八八〇年代の中頃になるのか「鹿鳴館時代」と呼ばれる欧化主義は我が国の恥辱といえようが、それを何とか押さえるべくまずE・フェノロサによって（主として狩野派の絵画をめぐって）日本文化の優秀性とその自立性が喧伝され、その日本回帰の流れのなかで（森鷗外によって）「歴史小説」が手掛けられ、次に（柳田國男や折口信夫によって）民俗学が始められた。しかしそれとて近代日本に残存する慣習にたいする過大評価やスピリチュアル（霊的）な想像力の両方向に分解していった。それはまさに日本と西洋との葛藤の錯乱せる紋様なのであった。

自己の歴史の包括的な理解に失敗した日本の近代のなかで一つだけ変わらなかったのは、尊皇の礼儀作法のみであったといえなくもない。「天皇ハ神聖ニシテ侵スヘカラス」（伊藤博文らが作成したプロイセン風の『大日本帝国憲法』の第三条）の建前だけは変わらずに続いたのである。日露戦争の大奮戦は、「西洋化における成功報酬」として「関税自主権の回復」をもたらしてくれはした。しかしそれはけっして「日本の自立」のための確かな礎石になるようなものではなかった。天皇の前で演じられた催しは、デモクラシーとミリタリズムの対抗という単純きわまる筋書の政治劇へと収斂していった、といえばいいすぎではあろうが、政治・社会・文化が日本的なるものを分解させていって、天皇・皇室が存続しておられるから日本は大丈夫、というのはあまりにも浅薄な日本論だということは確かである。述者は大東亜戦争を世界史の必然としておおよそ肯定するのみならず「戦前の戦後への（国民精神における）優越」を主張する者ではあるが、日本的なるものを捨てる方向に少しずつのめり込んでいったのが大日本帝国、そういうものが滅亡するのもまた宿命的な成り行きであったといわざるをえない。つまり「文明の紊乱」において戦前と戦後は（屈折はしているものの）連続しているということである。

そして「戦後」が始まり、民主制と産業制が狂瀾怒濤となって脹《ふく》らみつづけ荒れまくる次第となった。今もなお「日本の底力」について喋々と肯定する声が小さくないが、述者のみるところ、日本の文化は「投票と金銭」の氾濫のため「底を割った」のである。以上が、後段で少々の追加的な説明をするものの、述者の日本論にかんするとりあえずの素描である。――なお、この節の口述を整理するに当たり、（TOKYO MX『西部邁ゼミナール』での）「日本人とは、そも何者ぞ！」における評伝作家の澤村修治氏および文芸批評家の浜崎洋介氏との座談が大いに役立った。両氏に心から感謝申し上げる――。

第十節　日本文化は「普遍性を根底に有する個別性」として立ち現れる

戦後日本において流通した日本文化論の第一のものは、敗戦国にとって当然の成り行きとはいうものの、前節で概観した日本論とはほぼまったく別の地平に現れた。まずR・ベネディクトは、『菊と刀』において、日本文化を（世間体を重んじる）「恥の文化」と見立て、西洋の文化を（宗教的良心を重んじる）「罪の文化」と分類した。それに続いて、中根千枝が（文化人類学的考察にもとづいてと称して）日本社会を（人々の上下関係を気遣う）「タテ社会」とみなし、西洋社会を（人々の平等性を前提に立つ）「ヨコ社会」と位置づけた。しかし両者の論は、頷けるところが少々ありはするもののあまりに単純すぎて、簡単にそれらに付き従うわけにはいかない。こういうものが「戦後」にすみやかに受け入れられたのは、アメリカの占領軍にあまりにコンプライアント（従順）である日本人の劣等感、それに説明を与えてくれると考えられたからなのではないか。さらに、いわゆる「進歩的文化人」と呼ばれた丸山眞男や大塚久雄らによる「日本における近代化の遅れ」を指摘する論も然りであって、むしろ「近代化への警戒」こそが西欧思想の屋台骨であることを彼らは完全に見失っていたのだ。

そんなことは、アメリカにも、移民たちの祖国から持ち込んだものと開拓地での労苦が生み出したものとの混淆として、「フォークロアー」（習俗的な慣習）があり、それが「モーレイズ」（規律化された慣習）となって続いているというW・サムナーの論があることをみれば、また我が国においても（神仏習合のように）ごく折衷的なものが多いとはいえ、宗教性を帯びた儀式に人々が群がっていることをみれば、「恥と罪」の対比から抜け落ちるものがあまりにも多くなる、さらに、組織論が「経営者革命論（組織の権力が所有者から経営者に移ったということ）」を生み出すほどに発達したのはまずもってアメリカにおいてであり、その論にあっていわゆるインフォーマル・コミュニケーション（契約にもとづかない非公式な意思伝達）が重んじられる点が強調されたことをみれば、また日本において「中間層の肥大化を通じる平等性の普及」が顕著で、逆にアメリカが格差・差別に満ちた社会をもたらしていることを思えば、おのずと明らかである。さらにいえば、フランス革命への疑念、それこそが西欧思想の尾根を形作っていることをみれば、「パリ祭」を日本で催しているわけにはいかない、とすぐわかったに違いない。

幕末から大東亜戦争へと至る近代日本の国際紛争（および戦争）史をまとめてみれば「自衛度が侵略度を上回る」、とくに対米戦争にあってそうであった、とみてさしつかえない。――なおここでディスピュート（紛争）というのは「戦争の直前にまで至る激しい口喧嘩」のことにほかならない――。だが、対米戦争で生き残った日本人の多くは、「連合国の正義と枢軸国の卑劣」という観念の構図を進んで受容した。つまり国家としての自立・自尊をみずから投げ捨てたのである。まさしくアンダードッグ（負け犬根性）にふさわしく「安全と生存」が戦後日本人の生き方となってしまったのだ。

また戦後にあって、日本文化の歴史を（和辻哲郎がかってやったように）「風土論」によって説明したり（梅棹忠夫が強調したように）「動植物の生態史論」になぞらえて解釈するのは、大いにわかりやすいとはいえ、日本人の精神の在り方に突き刺さってくるところが少なすぎる。人間が言語的（精神的）動物であるからには、日本文化の把握も言語論的な次元においてまず明らかにされるべきだと思われてならない。文化にかかわらせていえば、言語の意味論（その社会化としての価値論）が日本文化論の根底に据えられなければならないということだ。梅原猛の縄文語への注目も『文明としてのイエ社会』（村上泰亮ら）も、そうした人間精神の根本条件から日本文明を、とくに「戦後」にあってウルトラモダナイゼーションが音立てて進行した経緯を、説き起こすものにはなっていない。さらに『ジャパンアズ ナンバーワン』（E・ヴォーゲル）も『間人主義の社会 日本』（浜口恵俊《えしゅん》）も、日本社会のサクセス（成功）、物質的富裕と社会的平等をうまく説明してはいるものの、その成功の秘密とそれに伴う日本社会の弱点を的確に抉り出してはいないと思われる。「空気の支配」（山本七平）という日本論とて、あとでみるように「単純モデルの大量モード」が近現代世界の通弊なのであってみれば、日本特殊性論ではなく、むしろマスソサイアティ論の方向で論じられるべきであったと思われてならない。

一般に、十九世紀の末尾から二十世紀の初頭にかけて西欧ではいわゆるリングウィスティック・ターン（言語論的転回）が生じたといわれている。つまり人間の人生と社会の時代を解釈するにあたって言語論的な構図を土台に据えよ、ということである。その見地に従って、述者は三十五年ほど前に『文明比較の構造』を発表したことがある。それには何の関心も寄せられなかったが、それは批判もなかったということでもあったので、それをよいことにして述者はその文化論を不変のまま今日に至るまで保ちつづけているわけだ。

さて、述者自身の「言語論的な構図」を描かねばならない成り行きとなった。人間の意味行為といい社会における価値活動といい、水平軸にあっては意味価値の「同一化と差異化」の対比によって、垂直軸ではその「顕在化と潜在化」の対比によって行われる。――ここで潜在化というのは、意味表現の奥には、それと繫がったり逆らったりするグラマー（文法）やヴォキャブラリー（語彙）が隠されているということにかかわる――。ともかく第一に「同一化と顕在化」の第一象限にあってはトランスミッション（T、伝達）の機能が果たされる。逆に、「伝達」とは意味価値が同一のものとして人々のあいだに顕在するという事態のことを指す。それは、現実のものであれ仮想のものであれ、意味は他者に伝達されることを予定しているということでもある。第二に、何が伝達されるかといえば「差異化と顕在化」の第二象限にあって行われる人々のエクスプレッション（E、表現）つまり何ほどか独創的な表現、それを人々が時間の経過につれて不断に表明していくということだ。——この「表現」という機能を入れることで、述者の構造論は「開かれた」ものになったといってもよい——。しかし第三に、そうした新たな表現が可能なのは、「差異化と潜在化」の第三象限における人生と時代を通じての言語のアキュムレーション（A、蓄積）があるからだ。その蓄積への、今という状況における、意味価値の追加や修正や改変、それが表現だ、といってもよい。最後に様々な伝達・表現・蓄積は、「同一化と潜在化」の第四象限における何らかのメジャメント（M、尺度）によってその質・量とも（半ば無自覚にせよ）測られ評価されなければならない。そうした尺度を探る営みがなければ、個人の「表現」の差異がどんなものなのか、社会に伝達されている価値の良否をどうみるか、歴史に蓄積され来たった意味価値の収蔵体をいかに評価するか、それらが不明になってしまう。

付言しておくと、「伝達」の機能を結合するところに主として経済学的な知識が生じ、

「表現」からは政治学が、「蓄積」からは社会学が、そして「尺度」からは文化学がもたらされる。そして、「伝達と表現」の結合からは心理学的な考察が、「表現と蓄積」からは法律学が、「蓄積と尺度」からは歴史学が、そして「伝達と尺度」からは自然科学がそれぞれ発達し、さらには「表現と尺度」の結合からは文学が生じ、「伝達と蓄積」のそれからいわば教育学が成長する。こうしたパノラミックな展望の下に、人間・社会にかんする総合知としての哲学が組み立てられるのではないか。

まとめていうと「ティーム（TEAM）の構造」を文化論の基礎におくということである。さらにいうと、「潜在的には同一の尺度にもとづいて諸個人が独創的な表現をなす」ことを、つまり第四象限と第二象限を結合させせんとする言語的な営みをインディヴィデュアリズム（個人主義）と名づけることができよう。そして「伝達と蓄積」つまり第一象限と第三象限を結び合わせようとする傾きをコレクティヴィズム（集団主義）と形容することができる。留意すべきは、第一に、個人主義と集団主義はどんな文明にあってもかならず（互いに交叉する形で）持ち合わせていなければならない二側面だということである。したがって、個人主義vs.集団主義などという極端な比較は文明論として受け入れられない。第二に、個人主義は潜在的な「価値尺度の共有」によって成り立ち、集団主義は潜在的な「様々な価値の歴史的収蔵」によって裏づけられているということだ。またそのようにみなければ、個人主義といい集団主義といい、自己主張や集団拘束といったような単純すぎる行動パターンになってしまい、文明論に資するものとはなりえないのである。

しかし個人主義も集団主義も、その背後にＴＥＡＭの四元構造が控えていることに起因して、それぞれ二種のものに構造分化する。——詳しくは拙著『知性の構造』を参照されたし——。そこで社会論にやっと繋がることになる。つまり、個人主義は「表現」を重んじる「原子論的《アトミスティック》」なものと互いの人間関係に配慮する「相互的《レシプロカル》」なものとに仕分けをしなければならないということになる。同じく集団主義についても、その構成員の自発性を認める「開放的《オープン》」なものとそれを抑圧する「閉鎖的《クローズド》」なものとの区別があるということになる。そして原子的な個人が開放的な集団のなかで行う活動がコンペティション（競争）であり、相互的個人たちが開放的な集団のなかで行う活動がコオペレーション（協働）であり、原子論的個人たちが閉鎖的集団のなかにおかれるときコグニッション（認識）が必要となり、最後に相互的個人が閉鎖的集団のなかにおかれればかならずやコンパルション（強制）の下におかれることになる。competition、cooperation、cognition そして compulsion の「四つのＣ」、それがあらゆる文明に共通の基本構造となるのである——このうちでことさらの説明を要するのは、「認識」の力がどうして「閉鎖された集団のなかにおかれた孤立した個人」において強まるかということのみであろう。そこにあっては、いわば「個人性と集団性のあいだのストラクチュラル・ディスタンス（構造的距離）」が最も大きくなる。そこから生じる意味・価値をめぐる危機感、それを解釈すべく人間はみずからの認識能力を強化するほかないということである――。

日本文化とてこの四次元的な基本構造を備えており、その意味で普遍的なものである。つまり協働性のほかに競争性、認識性および強制性をこの文化の随所に観察することができる。日本文化を競争的でないとか強制的でないとか認識的ではないと貶したり褒めたりするのは見当違いも甚だしい。四つのCを共有していればこそ、日本は国際社会のなかで一定の地位を占めることができるのである。

ただし日本文化が「相互的個人主義と開放的集団主義」の方向を膨らませていったこと、つまり「協働性を顕著にしてきたこと」は否定できない。そしてなにゆえかかる傾きが生じたかと問えば、東アジア・モンスーン地帯における集団的な農耕作業や風土論的に安定した季節循環に適応せんとする態度や、流入してくる様々な文化のあいだの調停過程のことや、おおよそ単一民族としておおよそ単一の言語圏を成立させたという島国性のことなどが挙げられるであろう。そのかぎりにおいて日本文化のパティキュラーつまり個別的な傾きは否定すべくもない。

「近代」に即していえば、こうした日本の傾きが近代に適応するに当たって日本文化の長所ともなりえた。しかしそれは、同時に、近代主義に過剰に順応するという形で短所に逆転したということに着目しなければならない。つまり相互的個人主義は、平等性を重んじなければ人々の相互関係それ自体が不安定になるということからして、近代の民主主義にたいしてきわめて迎合的となる。また開放的集団主義は、それがなければ革新的な活動を企業や政府が展開しつづけることが困難になるため、近代の産業制にきわめて適合している。近代社会が民主制と産業制を両輪としていることはすでに述べたが、日本文化はその意味での近代化の実現にとってまことに好都合なものだったのである。

このことを逆にいえば近代の日本にあっては近代主義への懐疑が乏しくならざるをえないということである。その反対がわにあるのは、おそらくは西欧文明であって、そこでは原子論的個人が閉鎖的集団のなかにおかれるため、否応もなく近代とは何か、近代の限界はどこにあるか、前近代を保守することとの意味をどこに見出すか、後近代に突入することの危険は那辺《なへん》に見出されるか、といった類の問をみずからに発せざるをえなかったのである。近代西欧における変革思想と保守思想との互いに対抗する認識の流れは、この西欧の文明構造上の傾きに発しているとみてさしつかえあるまい。

大きく分ければ競争に傾くのがアメリカ型であり、協働を重んじるのは日本型であり、強制を受け入れやすいのはロシア・中国型であり、そして認識を重んじるのは西欧型だと分類できよう。だがそれはけっして対立するばかりの関係にあるのではない。それらの文明型「四つのC」を共有しているからには、根源的には互いにコメンシュラブル（共軛《きょうやく》・通訳が可能）とみてよい。ただし各文化型がそれぞれに変移する形で拡大してきたからには、時代状況によって転変が生じこそすれ、「協調と対立」の二面性から離れることができないのが国際関係だとみておかなければならない。そしてその関係はけっして宗教性の違いなどという単一の要因から生じてくるような単純なものではなく、個人と集団の歴史的な在り方から生じる政治・経済・社会・文化の全方位におけるズレに根差しているのだ。日本特殊性論も行き過ぎであり世界共和国論も過剰な物言いであると見究めた上で、国家というものはいわば「半開半閉」のナショナリズムを貫くほかなく、それは日本についてのみではなく、アメリカや西欧や中露についてもいえることなのである。

「近代主義への懐疑」の乏しさがいかに日本の政治・経済・社会・文化をみかけの上での繁栄にもかかわらず危殆《きたい》に瀕させているか、そしてそれゆえに日本の国際社会における立場が現下のEU瓦解や朝鮮半島壊滅にみられる世界大分裂の危機のただなかで（その経済力の大きさにはまったく不相応に）いかに脆弱なものとなっているかということにかんし、以下の諸章で詳しく論じてみたい。

第二章　民主主義は白魔術

人間を不幸に追い込む魔術が黒魔術であり、ユーフォリア（どんな物事にも幸せを感じる病気としての多幸症）に誘い込むのは白魔術である。民主主義という戦後日本を彩る観念は、白魔術めいたものだといってさしつかえない。つまり世論のムードによってであれ、民衆の直接的なムーヴメント（運動）やヴォーティング（投票）によってであれ、民衆が社会にかける圧力は何かしら良き事態をもたらす、と思い込まれてきたのである。ハッピネス（幸福）なんかはハプニング（偶発事）としてしか起こりえないのに、日々示される民衆の圧力が国民を幸福にするというのだから、これを病気と呼ばずして何と呼ぶのか見当もつかない。

第一節 「主権」は不要のみならず有害

日本国憲法の前文に「主権は国民に存する」と明記されている。ここで占領軍の草案にあって主権がソヴリン・パワーとなっていることを忘れてはならない。むろん、ソヴリンティ（崇高性あるいは絶対性）というのを誇張の形容とみなしておけば、それは（吉野作造のいった）「国民本位」というのと大差はない。しかし、敗戦日本人はそれを字義通りに受け取ったのである。つまり国民の声はカミの声というわけだ。

しかも占領軍草案では、国民はナショナル・ピープルとなっているのに、敗戦日本人は、「国家の歴史」を総否定する方向に入っていたので、国民は今生きている（現在世代の）単なるピープル（人民）のことと受け取った。もし「国の民」という考え方が保持されていたなら、国家はかならずや歴史の土壌の上に成り立つのであるから、「国民の総意」なるものも「日本国家の伝統の精神」ということになったであろう。しかし、伝統破壊を旨とする戦後日本にあっては国民の総意は現在只今のいわゆる「世論」によって示される、というわけだ。

戦後にいわれる世論《せろん》は、戦前に使われていた「輿論《よろん》」とは異なるものである。輿《こし》とは本来は荷車の台という意味なのだから、輿論とは社会の土台にいる一般庶民の「コモンセンス（常識）」のことにほかならない。それにたいして世論というのは現在の世間における束の間の「流行」の論のことにとどまる。確認さるべきはパブリック・オピニオン（輿論および世論）におけるパブリックネスの意味が歴史性を失って現在性に圧縮されたということになる。一体全体、人々の感性や理性にあって伝統の知恵を無視してよいものであろうか。すでに述べたように「新しきは良きことである」とする進歩主義のドグマに立つならば、古き慣習のなかに内蔵されているはずの伝統の精神なんかは無視してかまわないということになるであろう。しかし人間を人間たらしめている言語そのものが歴史によって醸成されたものであるからには、進歩主義は大いなる錯誤だ、とみなさざるをえない。

どだい、デモクラシーは素直に訳せば「デーモス（民衆）のクラティア（政治）」ということなのであるから、そしてクラティアはクラトス（力）からやってきた言葉であるから、「民衆の支配」とされるべきであった。あっさりいえば、民衆が賢明ならば民衆政治はよきものとなり、民衆が愚昧ならば民主政治もまた悪しきものになる、とすぐ見当がつく。事実、古代ギリシャにあってデモクラシー批判に立ち上がったソクラテスやプラトンにあっては、デモクラティアはオクロス（衆愚）の支配に流れ、それのもたらす混乱に堪えかねて、オリガーキー（寡頭制）が生じ、次にそれがプルトクラシー（金権制）に堕ち、最後にはティラニー（僭主制）、言い換えればディクテーターシップ（独裁制）がもたらされると懸念されていた。プラトンがフィロソファー・ルーラー（哲人支配者）をよしとせざるをえなかったのは、デモクラシーへの深い懐疑に発してのことなのであった。多くの政治学者や政治評論家がこの政治学の出発点を忘れて、デモクラシーというよりもデモクラティズム（民衆主権主義）に喝采を寄せているのは、二十世紀後半以降の奇観と呼んでさしつかえあるまい。

当然のことだが、マジョリティ・ディシジョン（多数決制）そのものは、多数者の意志を足蹴にするような政治は晩《おそ》かれ早かれ瓦解するのであってみれば、政治の本道に属するとみなければならない。だが同時にそれは、「ティラニー・オヴ・ザ・マジョリティ」（トックヴィル）つまり「多数者の専制」もまた避けなければならない、という課題に直面する。よき民衆政治がありとせば、それは「民衆制が危険きわまりないものであると疑う者たちによる民衆制」しかないのである。その危険を無視して民衆を主権者として持ち上げるなどという政治は、ほぼかならず衆愚政治を経て独裁政治を結果する。その見事な実例が二十世紀に出現したムッソリーニ、ヒットラー、スターリンさらには毛沢東などの独裁なのであった。

多数者の支配にせよ独裁者の支配にせよ、ソヴリン・パワー（主権）がこの世に実在してよいとする謬見《びゅうけん》から生じたものである。思想の「論理」、というよりも理屈として頷ける主権は、皮肉にも、王権神授説における主権のみである。なぜといってそれは、神という（宗教観において是認されている）絶対者から授けられたとされているのであるから、国王もまた絶対者であるとみなして論理としては筋が通るわけだ。しかし人民といい国民といい、知性と徳性の両面にあってインパーフェクション（不完全性）を免れることはできない。不完全な者たちに崇高な権利を与えるのが「民主」であるということに気づけば、しかもそれにイズム（主義）という接尾語を与えるなどというのは、政治哲学における最大の誤謬といわざるをえない。そうであればこそ、トックヴィルの見解に賛同した（デモクラシーにどちらかといえば好意的であった）J・S・ミルすらが「世論の支配」が国民の自由を抑圧すると懸念したのであった。

トックヴィルが一八三〇年代のアメリカにおける（ネイティヴ・アメリカンへの大虐殺に狂奔した類の人物）アンドリュー・ジャクソン大統領下のアメリカン・デモクラシーにみたのは、新聞や雑誌などのペリオディカル・プレス（定期刊行物）つまりマスメディアがプライマリー・パワー（主要な、基礎的な、あるいは予備的な権力）となる事態であった。というのも、世論を動かしているのはメディアである、という事態がすでにアメリカにおいて生じていたからにほかならない。いうまでもなく、民衆にプライマリー・パワーがあるとするのは、「多勢に無勢」もしくは「衆寡敵せず」という現実感覚からして、やむをえない成り行きではあろう。しかしその予備権力を主権にまで引き上げるのは民衆にたいする野放図な迎合以外のなにものでもありはしない。「メディアは立法・行政・司法に続く第四権力なり」という見方はこの列島でも少しずつ定着しつつあるが、違うのだ。「世論を動かすメディアが第一権力である」とみなすのでなければ、文明を腐敗させる元凶はデモクラシーにほかならない、と見抜いたことにはならないのである。

第二節　議会の礎石は小さく弱い

パーラメント（議会）とはいうまでもなくパロール（口舌）の場のことである。そして国家の政策について「議論の府」が必要となるのは、未来はつねに危機に包まれているので、単なる予測にもとづく単なる確率計算ではすまないからだ。問題は議会のための代議士をいかにして選出するかという点である。

「一人一票」でいくのは、やむをえぬ仕儀であろう。いや、「神の前での平等」とか「人は生まれながらにして平等である（『アメリカ独立宣言』）」といった作り話を退けてしまえば、学歴・財産高・納税額などを能力・努力・責任感の指標と見立てた上でそれに応じて

中江兆民
（1847-1901）

票数をあてがうほうがむしろ合理的なのかもしれない。しかしその合理の程度などは高が知れているし、そんな比較的に貧乏ながわの多数派を軽んじるようなことをすれば角が立つというもので、やはり「一人一票」でいくしかあるまい。制限選挙が普通選挙へと発展していくのは不可避だということである。

しかし普通選挙にあって、選挙人は「代表者の人格についてならばおのれの人生経験に照らしてかなりに的確な判断を下せるであろうが、政策の具体策について判別できるような能力を一般的には持たない」とみるしかないであろう。もう少し厳密にいうと「選挙人会議での議論」（中江兆民）が綿密に展開されるのならば選挙人も政策について具体的に判断することができるのかもしれない。しかし、一つにその議論が選挙人会議のムードによって流される可能性も小さくないし、選挙人会議などは面倒だとしてそれをサボタージュする選挙人も多いに違いない。結局、選挙民の政策についての判断力はせいぜいが立候補者の（壇上に掲げる）大まかなプラットフォーム（公約）についての大まかな審判、というところにとどまる。今風の事柄になぞらえていうと、政策の数値・期限・工程について選挙民が審判を下すといういわゆるマニフェスト選挙なんかは、机上の空論であるという以上に、直接民主制によって間接民主制の機関たる議会を有名無実と化し、さらには代表者を選ぶ選挙をすら無意味のものにするという意味で、度し難い暴論だったのであり、流言蜚語《ひご》の一種であったとしかいいようがない。

この半世紀にわたりマスメディアの催すいわゆる世論調査によって、議会の議論が大きく左右されている。これは政策についての判断能力を持たない者たちによって政策が動かされているわけであるから、弱い意味での直接民主制だといえなくもない。もちろん、国家の大まかな進路についてならば、それにたいする国民の関心を無視するわけにはいくまい。しかし政策の具体策についてまで選挙民が介入するのは、いくら主権者の美名を与えられているとはいえ、越権行為も甚だしい。議会の決定が、どうしても選挙民の気に入らないというのなら、選挙民はおのれの代表者選出が的確ではなかったと自省して、次の選挙において別の代議士を選ぶしかない。それが筋道というものだ、という意味で代議制は時間と費用のかかる制度なのである。

立候補者の人格にかんする判断材料は、はたして何であろうか。二世・三世議員を世襲制だとして非難するのはかならずしも妥当ではない。代議士たるものは議会における妥協や決断についての経験を必要とするのであって、そうした力量は若いときから政治家の振る舞い方を身近に学ぶことを通じて鍛えられる。少なくとも平均において、世襲議員のほうが（マスメディアにおける）有名人よりも政治家としての人格において優越しているのではないか。そうみるのが政治家の人格（のみならず識見）にかんする良識的な判断だと思われる。

ここでとくに配慮すべきは、前章ですでに触れたことだが、「議論が必要なのはなぜかというと、その過程で〝少数派が比較的に正しく、多数派のほうが比較的に間違っている〟と判明することもある」という点である。オピニオンのみならずすべてのポリシー案は仮説にすぎない。で、議論にあっては多数派も少数派も、おのれのフォリビリティ（可謬性）について再思考するトレランス（忍耐）を持ち、また相手の可謬性にトレランス（寛容）を保つということだ。わかりやすい例でいうと、議論してみたところ少数派の案に汲みとるべきものがあると（議論のなかで）了解されたら、それを政策に取り入れてこそ議会制の真価が発揮されるというものだ。

ところで政策の具体策をいくつかの試案として提起するのは、主として政府官僚（役人）の仕事である。代議士はその役人の試案にかんして選択したり修正したりするのが主たる仕事となる。有名人として政治家になった者は、その有名をさらに大きくしようとして、役人の提出する現実的な案を軽んじがちとなる。また党利党略に走る政治家は、政策をマスメディアにおけるスキャンダルの種として利用しがちとなる。それは議会の議論を不安定にするにきまっている。

官僚についてだが、とくに我が国において間違った見解が広がっている。ビューロクラット（官僚）はビューロー（「机布」のこと、つまり組織）あるところに、かならずいなければならない事務職員のことであって、民間においても企業組織の企業官僚というものがかならず存在するのである。役人が独得の官僚であるのは、その仕事が公務を中心にして行われるという点にある。彼らの公徳心が本物かどうかはともかくとして、公徳心にもとづいて公共活動の政策を作り上げるという建前に役人は背くわけにはいかない。

誰も指摘しないことだが、公務に従事するという意味で役人は半ば政治家なのである。ポリティックス（政治）とはポリス（国家）の運営についてポリティック（賢明）な態度を持すことにほかならない。その意味において役人の実質の半ばは政治家なのである。――だから、抗弁の権利をあまり持たない役人にバッシングを加える近年の風潮ほど有害なものもない――。役人は選挙の洗礼を受けない半政治家であるといってもよい。というより、選挙によって言動を過度に左右され難い役人がいればこそ、国策における一貫性が可能となるわけだ。その意味において政治は選挙という落ち着きのない制度から半ば自由になっておれるのである。逆にいうと、そうであればこそ、役人の専横を許さないよう選挙で選ばれた代議士はつねに気を配っていなければならないということになりもする。

日本や英国のとっている議院内閣制についてはどうであろう。大統領なるものの権限が単なる権威から大いなる権力へと強化されている今日であればこそ、政治の最高責任者を議会で選ぶという議院内閣制のほうが政治を「正しく厳しく（攵）治める」道だと思われてならない。とりわけ日本や英国のように天皇や国王を権威の象徴としておいている国では、大統領という権威は不必要なのであるから、権威と権力の合体という弊害多き制度をわざわざ設ける必要は毫《ごう》もないのである。ついでに確認しておくと（小沢一郎なる政治家がどこかで仕入れた）「天皇と大統領制の矛盾」という説も間違っている。天皇は文化的元首、大統領は政治的元首としておけば、そこに矛盾など生じはしないのだ――。

いずれにせよ議会の根底をなすのは、選挙民の公徳心である。日本における参議院や諸外国におけるアッパー・ハウス（上院）は一般に「良識の府」と呼ばれているが、選挙民が公徳心を薄くするにつれ、それら「良識の府」もまたロウアー・ハウス（衆議院や下院）と変わらないものになりつつある。問われるべきは近代社会が歴史によって培われるはずのものとしての良識を失いゆくばかりであり、それにつれて議会の根元もまた腐っていくことからくる、議会の倒壊現象についてではないのか。その現象がますます酷くなっている現在では、選挙人の年齢制限を下げるかどうかなどは、若者の政治的なノンシャランス（無関心）を矯正するための施策とはいえ、壮年や老人の無関心も広がっているのであってみれば、第二義的な話にすぎぬとしかいいようがない。

第三節　オピニオンは「インテリ」の臆説、デマは「マスメン」の流言

パブリック・オピニオンがコモンマン（通常人）たちの歴史的常識としての輿論《よろん》とマスマン（「模型の流行」に惑溺する者）たちの当座の気分としての世論《せろん》とに類別されることはすでに述べた。だが、それに加えて問題なのはオピニオンという言葉の意味合である。

オピニオンの本来の意味は「根拠の乏しい臆説」ということである。だからかつて自由党の党首たる吉田茂首相が日本社会党の弁士たちにたいし「見解の相違」といって議論するのを拒んだのは、見解なるものが（オピニオンと同じく）根拠の乏しい臆説、つまり政治理念上の違いといったものに発しているとみなしてのことであったならば、当然であったといえよう。もう少し厳密にいうと、エヴィデンス（証拠）の乏しい立場上の違いやイデオロギー上の差から生じるのが意見の衝突、それが議会の紛糾であるのが一般的とみてさしつかえない。

そしてそうした臆説としてのオピニオンをふりまくのは、我が国ではインテリと称され

ている学者や評論家やジャーナリストたる専門人なのだ。スペシャリスト（専門人）は物事の一側面についてのみの考察に傾いているので、その意見は臆説（思い込み）であることが少なくない。その点を強調すればパブリック・オピニオンもまた臆説の集積だといってあながち間違いではない。

むろん、人々の立場や理念は無視されてはならないものではあろう。しかしそれに固執するのでは、根拠なき思い込みといわれて致し方なく、実際のところ、世論のみならず輿論もまたそうした思い込みにしばしば汚されているのである。言い換えれば、世論はむろんのこと輿論についても、その真偽や善悪や美醜について議論しなければならないということだ。それなのに、メディアの世界では「私のオピニオン」や「我々のオピニオン」が剝き出しに表現されつづけているといった有り様で、そのせいでデモクラシーが右往左往の顛末を呈して止むことがないのである。

その挙げ句に、デマ（嘘話）としかいいようのない流言蜚語が民主政治における砂嵐となって吹き荒《すさ》ぶ。ところが、デマの本来の意味を知っている者もまたきわめて少ないのだ。デマはデマゴギー（民衆煽動）からやってきたものであり、したがってデマとは「民衆的」ということにほかならない。それは、民衆が飛び込んだり民衆を巻き込んだりする話に嘘話が多いという事実をおのずと物語っている。

「デマ」はマスメンの気分を刺激するものが多いがゆえにマスソサイアティにあってとりわけ大流行となる。しかもその流行は右したり左したりするので、ソサイアティのみならずマスメンの頭脳そのものがいわば脳震盪の状態に入ってしまい、いずれそれは沈黙へと至る。そこでますます貧相になっていくのは民衆の人格であり、社会の統合である。なぜといって、オピニオンといいデマといい、コンプリヘンション（包括的理解）とコンシステンシー（論理的な整合性）とを決定的に欠いているからだ。そしてその状態は専門人における偏頗《へんぱ》な思想と大量人における皮相の気分とをよく反映しているといわざるをえない。

世界の現状に即していうと、先進各国に現れつつあるデマゴーグ（民衆煽動者）めいた政治家たちが、一方において大量人の気分に素直に反応していると同時に、大量人をいっそう迷妄に追い込んでいる。だから、それらのデマゴーグたちが主張しはじめているナショナリズム（国民主義）にも正当と不当の両面があることに注意しなければならない。つまり彼らは没落しゆく中間層を代表していると同時に、その中間層の気分をヒステリックなものに悪化させもしているのだ。

強調しておかなければならないのは、インテリと呼ばれる専門人たちがデマゴーグの周りに集って紆余曲折のオピニオンとデマゴギーとを供給しているという事実である。彼らは（オルテガがいったところの）「ソーコールド・インテレクチュアル（いわゆる知識人）」としかいようのない存在だ。彼らはインフォメーション（情報）なるものを操作しながら結局のところは臆説や嘘話に帰着する似非《えせ》思想を民衆の頭上にバラまいているといってさしつかえない。

「いわゆる知識人」としての専門人はマスソサイアティを嚮導《きょうどう》すべく擬似マスマンとなる。そして大量人はメディアを通じて擬似専門人となる。両種の擬似にすぎない者たちの連合、それを促しているのが大中小を問わずのメディア（情報媒体）なのである。情報とは、本来、敵情報告という軍事用語からきたものにすぎない。つまり情況が特定化されているときに有効なのが情報というものであり、それを英語でインフォメーションといってみても、フォーム（形）のイン（中）に収められた知識のスペシフィケーションつまり特定化のことを指す。ほかの言い方をすると、みずからの知識に自省・解釈を加えることがないときに、知識は情報へと矮小化されるのである。その矮小さを見事に示すのが「デマとしてのオピニオン」であり、それによって社会は水浸しとなっている。

以上のように述べるのは、少々は誇張かもしれない。しかし「大量人のプロトタイプ（見本）は専門人である」（オルテガ）という現象はすでに二十世紀の初めから顕著なのである。そしてこの一世紀余、数え切れないほどの戦争によって人間が大量殺戮され、経済のみならず国民的気分の「景気」がブーム（膨張）とバースト（破裂）を繰り返すせいで、マスソサイアティが上昇と下降の連続で収拾のつかない混乱状態を示しつづけている。そうなった根因を尋ねてみると、人間精神がデマめいたオピニオンによって占拠されているという事実が浮かび上がってくるのである。そうしたものとしての情報社会が（テクノロジズムという知識の極端な特定化によって）表層的に正当化されている。つまりデマ話としての臆説は、それに伴って技術が発達しているかぎり、大量流行しつづけるのだ。

そのことに気づく者は、どうあがいても、デモクラシーへの絶望から逃れようがない。それゆえ現下のマスソサイアティは表面でいかに繁栄しようとも、その底に深いメランコリー（憂鬱）を抱えている。その憂鬱の気分を絶望と言い換えてもさして過言ではない。「社会の権力がひとたびマスの手に渡ったら、事実上、その社会を救済することは不可能である」（オルテガ）というのはどうやら本当のようなのだ。「絶望するものの数が増えることだけが希望である」（同）。もう少し積極的にいってみても、絶望に絶望する気力のあるものがどれだけ増えるかに期待を寄せるしかないのである。ここで確認したいのは、民主主義は制度としての欠陥をさらしているだけでなく、現代人の精神そのものを陥没させているという状態についてである。そのことが「デマのオピニオン」に最も端的に表わされている、とみるほかあるまい。

第四節　共和制の真意が一世紀半におよんで誤解されてきたのはなぜか

仏語でレピュブリクといい英語でリパブリックといい、「公的な物事」という意味である、つまり共和制とは、国民のパブリック・マインド（公共心）に、とくにパブリック・モーラル（公徳心）にもとづいて国家を建立するという態度を指す。

ところが標準型の政治学にあっては、「権力主体の数」によって独裁制と寡頭制と民主制に分けられ、そして権力主体の質に応じて国王制と貴族制と共和制とに分けられるとみなされ、さらに最も優れた制度として（民主制と共和制を結合して）民主共和制だとされるのである。それが間違いであることは、冗談話めいて恐縮だが、日本の隣に朝鮮「民主」主義人民「共和」国というものがあるのをみれば察しがつくであろう。

すでに指摘したとおり、独裁制は民衆の歓呼と投票から生まれることが少なくない。また、ルソーや兆民も確認していることだが、国民の公共心・公徳心が国王（日本の場合は天皇）を歓迎するのならば、国王制と共和制は矛盾しないのである。寡頭制や貴族制についても政治思想の論理としては同じことがいえる。それにもかかわらず我が国では、明治この方、民主共和制を最優秀の制度として礼賛する声が知識人の方面にあって圧倒的な多数派を占めているのだ。

リパブリックは、本来、共和制と訳されるべき言葉ではなく、むしろ「公衆制」と訳されたほうがよかったのではないか。なぜといって、パブリックには「共に和する」という意味などありはしないからだ。公共心・公徳心の在り方の具体的な現れ方は、個人や集団のオピニオンによって様々に異なるものである以上、国民の中に（和ではなく）争が生じるのはむしろ普通である。もちろん公共心・公徳心は、抽象的には、国民に共通のものと措定されなければならない。しかし政治はおおむね具体性のレベルで論じられるのであるから、リパブリックにたいする適訳は、公衆（公心を持った人々）の政治と解されるべきであろう。そうしておいたならば公衆が独裁や寡頭をあえて選ぶこともありうるし、国王や貴族を迎え入れるということも起こりうる、としてさしつかえない。そして、論じられるべき最大のことは、国民の公共心・公徳心が（伝統にもとづいて）抽象的な、そして（状況に応じて）具体的な姿形をとるということについてである。その意味でのみリパブリックは最も納得しうる国体・政体となるのだ。

ここで国民という言葉を挟んでいるのには格別の意味がある。I・カントの線に沿って世界共和国を仮構することは可能であろう。しかしそれはあくまで抽象のレベルに据えられるべきものであり、政治の具体に目をやるならば、かならずや国民ごとにその公共心・公徳心は異なった様相を帯びてくるとみなさざるをえない。いうまでもなく、その具体的な在り方は個人や集団によっても異なるのだが、しかし政治という名の統治にあっては、ひとまずナショナル・ピープル（国の民）というボーダー・ラインを設けざるをえない。逆にいうと世界なるものにおける意思決定の主体を七十億の個人にまで分解するのでは国際社会は無秩序に陥るし、ワールド・ガヴァメント（世界政府）という単一のものに集約するのでは国際社会がコンフォーミズム（画一主義）の地獄に堕ちてしまう。今現在の二百ばかりの国家数が最適かどうかはともかくとして、おおよその程度の数の国家のあいだの調整や争闘を通じて国際秩序なるものが少しずつ作られていくとみるほかないのである。

すでに述べたように、コンスティチューションは憲法である前に国体つまり国柄のことである。コンスティチューショナリズム（立憲主義）のことがよくいわれるが、リーガリズム（法律至上主義）にもとづいて、それを成文憲法としてのみ解釈するのは狭量とみざるをえない。英国が不文憲法の立場をとっているのをみればわかるように、国柄なるものの健全な在り方は歴史の流れとそこで形成される慣習の体系と、そこに内包されている伝統の精神によって醸成されてくるとみるべきである。換言すると法律の前に国家の伝統があるとわきまえておかなければならない。そうみなすことによってはじめて公共心・公徳心を国民の歴史・慣習・文化にもとづかせることができるのである。

「悪法もまた法なり」（ソクラテス）という格言もまた誤解されたままである。ソクラテスが服毒死する前にいったのは、『ソクラテスの弁明』（プラトン）をみればすぐ了解できるように、「悪しき政治家が悪しき法律を悪利用して自分を死刑に処するであろう」と洞察したことだけを意味している。悪法であることが明確にわかっているにもかかわらずそんな悪法にも従順であれと説くのは、公共心・公徳心を否定することにほかならない。

リーガリズムが幅を利かすのは、歴史不在もしくは歴史破壊の場所で政府なるものをソーシャル・エクスペリメント（社会実験）としてコンストラクト（設計）する場合である。F・フォン・ハイエクはそうした独伊や旧ソ連のやり方をコンストラクティヴィズム（設計主義）と呼び、国家を人為的・意図的に構築できるとするそんな考えは知識人や政治家の傲慢というものだと批判したのである。なぜ設計主義が間違っているかというと、未来を合理的に予測することなどは（知識なるものの不完全性からして）叶わぬ話だからである。つまりハイエクは国家秩序の基礎はスポンテニアス（自生的）な、つまりアンインテンデイドな（意図せざる）形で歴史の流れのなかで徐々に醸成されていくべきものだ、と考えていたわけだ。

とくに厄介なのはアメリカの共和党においてであって、その党は建国の精神として「個人の自由」を重んじているが、ピューリタニズムという国家に共通の精神基盤が弱まるにつれ、個人の自由と公共心・公徳心とが衝突しはじめる。そんなところでは国家設計のための試案を作ることとすら困難となる。それは（個人の自由を重んじて）銃社会を作ってしまったアメリカの銃による秩序破壊の惨状をみればすぐ察しられるであろう。

公衆制についても同じことがいえるのであって、それは国民のモーレズ（集団的な情操感）やエートス（集団的な倫理観）にもとづくのでなければならない。ところが、大日本帝国憲法がすでに人為的に設計されたものという気配を漂わせていたのだが、米定という形で押し付けられた（あるいは日本人が押し戴いた）日本国憲法の下にあっては、天皇条項を別とすると、おおよそ全面的に悪しき立憲主義および設計主義が罷り通っている。それは公衆制を根本から排除するやり方だといってよい。そのことをいささかも反省せずに、天皇制を拒否せんとの目論見に立って、我が国を共和国にするのを理想とするオピニオンが（護憲派の）いわゆる左翼陣営にあって保持されつづけている。しかもその共和の思想により、天皇制の是非をめぐる争闘が止まぬというのだから、まさに笑止の沙汰と呼ぶしかあるまい。

日本の歴史はなるほど連続的ではあるのだが、明治維新で鋭く屈折し、さらに大東亜戦争の敗戦のあとさらに大きく（たぶん矯正しようもなく）屈折したと考えると、日本の近代史は、日本の歴史の示すものとは別の、あらぬ方向に向けて彷徨《さまよ》っているとみざるをえない。それらの屈折は世界情勢からしてほとんど必然のことであったと認めるにやぶさかではないものの、それを歓迎するのと懐疑するのとのあいだには大きな径庭《けいてい》が生じざるをえないのである。

第五節　「自由は不自由の際において生ず」

ほとんど判で押したように自由と民主とは組み合わせで用いられる。それは、我が国の与党たる自由民主党が、内政においてのみならず外交にたいしても、「自由民主の価値観」を掲げているところによくみてとれる。また民主思想の根本にエガリテリアニズム（平等主義）があるのであってみれば、フランス革命以来の平等の標語は二世紀余にわたって健在なのだといってもよい。どうして両者は並記されるか、その理由は簡単だ。自由は、競争においてであれ競合《エミュレーション》においてであれ争闘においてであれ、勝者と敗者や強者と弱者や存命者と死亡者といった区別を結果することが多いのである。そのディファレンス（区別）はディスクリミネーション（差別）に至ることが少なくなく、結局、自由は不平等の源だと指弾されることになる。それを避けるべく平等の価値をも重んじることにしなければならないわけだ。

リバティといいフリーダムといい、自由は過剰な抑圧や恐怖や貧困からのエマンシペーション（解放）ということを意味する言葉である。だから（日本でいえば明治維新の頃まで）奴隷制を敷いていたアメリカにあって、リベラルが差別からの解放を意味すると同時にその解放を実あるものにするため、福祉供与をはじめとする様々な社会政策に積極的であらざるをえないということになる。だがそれは、リベラル・デモクラットとソーシャル・デモクラットとの境界線が曖昧になるということでもある。つまり自由民主主義者と社会民主主義者が、ソーシャル・プランニング（社会計画）の立案と実施を通じて、手を繋ぐということになるわけだ。

I・バーリンは「……からの自由」（消極的自由）と「……への自由」（積極的自由）とを区別した。しかし積極的自由に論がおよべば、その自由のための目標や理想や理念をめぐって侃々諤々の議論が生じざるをえない。さらに平等についても、ハイエクがいったように、「フォーマル・イクォーリティ（形式的平等）」と「サブスタンティヴ・イクォーリティ（実質的平等）」の別がある。前者は競争・競合・争闘の場裡《じょうり》に参加することを禁じられていないという状態を指し、後者はそうした場裡で活動する力量を持たせるということを意味する。後者が大いにしばしばその人の能力や努力を度外視しているという意味での悪平等をもたらすことはよく知られている。アメリカ（およびその属国たる日本）でリベラルと呼ばれている勢力は、積極的自由と実質的平等に傾きがちで、それゆえ我が国についていえば、自由民主の内実は社会民主主義を実際において実現し、その結果、社会民主党なるものが極度に衰退し、さらには日本は世界で最も平等な国だといわれる顚末になったのだ。

積極的自由の過剰が放縦をもたらすことは、無政府を主張するM・バクーニンの爆弾沙汰や、バイブルやコーランにもとづく宗教原理主義者が同じくテロリズムに走っていたことをみれば、一目瞭然であろう。というより、近代に進歩をもたらしていたとされているフランス革命やロシア革命などの社会革命の帰結はといえば、放埒でないとしたら抑圧に辿り着いた、ということに気づかざるをえない。そうした急進主義を避けているとはいえ、自由民主主義も社会民主主義も近現代社会に混沌や抑圧をもたらしているといってさほど過言ではないのではないか。

西欧にあってはリベラリズム（自由主義）とリベルティニズム（放縦主義）のあいだに何とか境界線が設けられている。なぜといって西欧でリベラルというのは、D・エラスムスの昔から、聖典や政治的理念を大事としつつも、その具体的な表現にあって、その人の個性や人々のおかれている状況ごとに、自発的な言動を許すといった類の自由を指す。それにたいして後者は聖典や政治綱領を一切無視して勝手気儘に振る舞う放蕩のことだとみなされてきた。より広くいえば、西欧の保守思想の流れがよく示しているように、伝統を重んじつつも、その（状況に応じた）表現にあっては個性豊かに振る舞ってよいとするのが西欧のリベラルなのである。

西欧の自由主義はけっして社会民主主義に馴染むものではない。なぜといって、未来へ向けての理想の前に過去からの伝統がプレスクリプション（あらかじめの規定）となって個人の生活や社会の制度の変化の具合に箍《たが》をはめる、とみなされているからである。戦後日本にあって、アメリカに誘導されつつ「自国の歴史にたいする否定的な態度」が定着したせいで、そのリベラリズムはいわば（社会民主主義に傾いた）アメリカ風のものと（リベルティニズムつまり放縦を旨とする）放蕩息子風のものとの混淆になってしまったと思われる。自由民主主義と社会民主主義の混合が進むにつれ自由主義の観念そのものが歴史・慣習・文化から切り離されて宙に舞いはじめたといってもよい。

福澤諭吉が「自由は不自由の際において生ず」といったことを現代の日本人は忘れてしまったのだ。諭吉がいったのは、専制的抑圧が肌で感じられるほど過酷になってきたら、その際、抑圧からの自由を要求するのは人の世の常だということであろう。つまり彼の自由主義があくまで消極的自由に撤しており、またその平等主義も、「門閥制度は親の敵《かたき》でござる」といったにもかかわらず「自分は公徳を大事とするという意味で儒者の子であった」と述懐していることからもみてとれるように、西欧型の自由民主主義を貫こうとしていたのである。

諭吉が「ライト」を「権理」と訳したことを忘れてはなるまい。ライトの元々の意味は「正しい」ということであるが、その正しさはどこからやってくるのか。人々によって切実に欲望されたり希求されたりすることが正しさの基準ではないのだ。公徳の示す道理というものがあるはずで、その理《ことわり》に反していないかぎり、人々は何をやってもよいというのが自由だ、と彼はみたのである。

よく「自由の権利」などということがいわれ、日本国憲法の十二条にもそれが謳われている。しかし権利というものは人々にとって「為すことを許されている自由の体系を法律的に明文化した」ところに成り立つものにすぎない。逆にいうと公徳心の許す権理を時代状況に即して法律化したのが権利だ、ということ以上でも以下でもないのである。

このようにみてくると、自由と平等という最も基本的な観念にあってすら、様々な解釈が可能であるということ、そしてそのなかで最も納得的なのは、やはり両者を歴史の英知にもとづかせるといった種類のものだとわかる。そして戦後日本は、おのれらにとって肝腎の歴史を打ち捨てたため、いわば自由の「履き違え」と平等の「考え違い」に陥ってしまったわけだ。そのように考えれば、世界に先駆けて社会の大変革に乗り出した西欧が、その達成と踵《きびす》を接するようにして、歴史への回顧と伝統の回復に自分らの精神の軌道を逆転させようとした営為を思い起こさずにはおれない。その営為をEUによって自己否定したことも忘れてはなるまいが、地球の反対がわのことはさておいて我が国のことに注意を集中させていうと、世界のなかで最も長期の最も連続した歴史を有しているにもかかわらず、大東亜戦争後の歴史喪失によって日本は癒しようのない深傷を負わせられたとみるべきではないのか。

第六節　国民国家という曖昧模糊たる観念

邦語で我が国とか日本国という場合の「國」は国民とそれにたいする統治機構（政府）の両方を含んでいる。ところが「国が民間に余計な介入をするな」とか「国の世話にはならない」とか「国が責任をとれ」などという場合の國は政府のことを指している。國が「囲まれた地域」ということを原意としていることはさておくとして、国のみならず国家についても日本人は相も変らず曖昧な言葉の使い方をしつづけているのだ。

その挙げ句に、ネーション・ステートという英語を「国民国家」と訳したまま、その正誤についてこれまでいささかも論議されていない。国家が国民の選挙を通じて形成されるはずの政府をも包むとみざるをえない以上、国家とは「国民とその政府」のことだ。それゆえ国民国家は国民・国民政府というわけのわからぬものになってしまう。そのことに誰も気づかないでいる。

ヨーロッパ全域を巻き込んだ「三十年戦争」が一六四八年にヴェストファーレン条約によって終結させられるに当たってH・グロティウスのネーション・ステートという考え方が（同じく彼の国際法という見方にならんで）大きな貢献をした。ネーション・ステートについていえばラテン民族にしろゲルマン民族にせよ古代から各部族が「囲まれた地域」を徐々に形成してきたのであるから、ネーション・ステートは近世に入って急にできたものとみる必要はなく、国家は人類史の歴史とともに古いといえなくもない。とくに我が国にかんしていうと、この列島に向けての一万余年にわたる（南方、西方および北方からの）ゆったりとした人口流入を伴いつつ、独立した民族としての日本人がこの列島に国家めいたものをゆっくりと形成してきたといってさしつかえあるまい。そうしたネーション・ステートの潜在的な動きが欧州にあっては十七世紀に明確な形をとったというべきなのであろう。

いずれにせよネーション・ステートは、ネーション（国民）とそれが積極的に形成する（もしくは消極的に受容する）ステート（政府）の両方を含むことは疑いようがない。もちろん、ステートの原意は「状態」のことではあるのだが、人間社会の場合、状態は歴史的なものであって、過去を継承し未来へ向けて変化していく。その継承と変化にあって何らかのガヴァメント（政府）が多少とも必要になる。ガヴァメントの原意は「舵取り」ということであるが、その舵手が国王であるか貴族であるか民衆であるかは歴史とともに変わってきたものの、政府あってこそまとまりを持ったものとしての国民がその姿形を明らかにする、とみてさしつかえない。

いうまでもないことだが、言葉はつねに多義的であり、したがって様々な言葉が互いに重なり合う面があることは否定できない。たとえば日本語の「くに」は故郷を指したり地方を指したり国を指したりする。他方、英語についていえば、カントリーとかステートとかネーションがともに囲まれた地域としての国を指すものとして使われる。そうした錯綜を解きほぐして、グロティウスがネーション・ステートという概念を打ち出したのであった。

ネーション・ステートとは「国民とその政府」つまり国府のことである。だが日本語の場合、国府は律令制の時代に中央政府の地方への出先機関のことと特定されていた。そこで府が家と同義であることを利用して、ネーション・ステートは国家のことを指すとしてよいのである。この意味での国家は日本のみならず各民族にとっておよそ乗り越え不可能なものなのではないか。

むろんその具体的な態様は歴史の変遷のなかで様々に変わっていきはする。しかし言語的動物としての人間は民族・部族ごとに異なった言語や宗教や慣習や伝統を持つに至る。いや、ある宗教が多国間にわたって普及しているというのが現実であるし、スイスやベルギーのように独自の言葉を持たないという場合も起こっていはする。しかし言語や宗教をそのユーセジ（使用法）としての慣習においてとらえれば、各国家が多少とも独自の精神史の下に歴史的に醸成されてきたとみてさしつかえあるまい。そうした過去の歴史の重みというものに鑑みれば、グローバリズムつまり広域主義やコスモポリタニズムつまり世界連邦主義などの構想によって国家を乗り越えようとするのは、やはり夢想としか呼びようがないのである。確言はできないにしても「国家は乗り越え不可能である」とみておよそ見当を外れることはあるまい。

付言するとナショナリズムは「国民主義」と訳されるべきものであって、国民主義を否定的な意味でとらえる必要はまったくない。そしてステーティズムが「政府主導主義」ととらえられるべきものであり、それにはインペラティヴィズム（統制主義）の虞れが多分に伴う。しかしネーション・ステーティズムつまり国家主義ならば、そこに国民の意向というものが強く反映されるはずであるから、それを恐れるいわれはあまりない。

それにもかかわらず我が国の戦後にあっては、後進国のナショナリズムを、「民族自決」の正義としてのフレー・ワード（称賛語）にしているにもかかわらず、みずからについての国家主義なる言葉はほぼ完全なブー・ワード（非難語）となっている。察するに国家を否定的な意味合でとらえることの結果として、それにさらに国民的という限定をつけることによって国家主義に限界を画そうとした。その帰結として国民国家なる奇妙な政治用語がこの国に定着してしまったのである。

国家の基礎は国民（の輿論）にあるのであってみれば、国民が反国家を唱えるのは国民の自己否定である。戦後七十年におよんで日本国民が反国家に傾いてきたのは言語道断の振る舞いに当たる。加えて（前章で述べたように）イノヴェーショナリズムのせいで未来が危機の様相をますます強くしている今日、否応もなく政府の舵取りが強くならざるをえない。要約すればネーション・ステーティズムにしか未来展望を見出せないというのがこの二十一世紀初頭の歴史段階なのである。

国民国家なる曖昧模糊たる意味しか持ちえない用語が学界・政界・言論界の各界を拭いようもなく汚染しているということについて、深い自省が求められるのではないか。

第七節　世界政府の不在、国際法の不全

ネーション・ステートとしての国家は、その内面をみると国民同士のあいだのインターパーソナル（個人間つまり人際）な関係の束であり、それを統治する政府の仕事にあってはガヴァメンタル（統治的あるいは制御的）な過程である。だが国家にはその外面もあって、そこでは官と民とをあわせて政治的にみれば折衝、経済的にいえば交易、社会的に眺めれば交際そして文化的に考えると交流が諸外国とのあいだで演じられている。この内面と外面のあいだに引かれるはずの、そして歴史の流れとともに伸びたり縮んだりするボーダー・ライン、それが国境なのである。そしてその外面にたいする政府の仕事を内政と比較して一般に外交と呼ぶ。そして時代が進むにつれこの外交を律する基準はインターナショナル・ロー（国際法）だとされている。

国際法に詳しくないせいもあって（H・ケルゼンあたりから）かなりに（人権思想をめぐる）思弁の産物と思われてならぬ国際法論、それについて喋々する力量に述者は欠けている。あえて大まかにまとめてみると理想・理念の次元にあっては、国際社会に必要と思われる未来像が語られ、そして現実・事実の次元にあっては、国際社会の秩序がどのように経緯しているかが記述される。そこで生じる大きな問題が二つあって、一つは「国際社会においてて理想などははたしてあるのか」ということであり、二つに「国際社会にはたして秩序といえるほどのものが整っているのか」ということにほかならない。それにたいする述者の解答をこれまた大まかに述べておくと、両問にたいして「わずかずつだがイエス」といっておきたい。

第一の理想についていうと、横暴・卑劣・野蛮・臆病を剝き出しにしているような外国にたいしては外交を断ちたい、と思うのが健全な国家というものであろう。次に第二の現実にかんしていうと、弱者への虐待やジェノサイド（特定民族絶滅）を露わにしているような国家は、晩かれ早かれ国際社会のなかで孤立する傾きに入る。それをみれば、人間にはA・スミスのいったTTT（テンデンシー・トゥ・トレード、交換性向）が事実としてあるとみてかまわない。こうした理想と現実によって、実際に、UN（国際連合）やICC（国際刑事裁判所）が設けられたといってよい。そしてその経緯に沿うようにして、国際間で条約や協定や交換公文が結ばれてきたのである。そうしたものをすべてあわせて国際法の体系と名づけられるわけだ。

しかし国際法はごく不完全な体系にすぎない。なぜといって、国際法に違反する国家があった場合、それに制裁を科す公的機関が国際社会にはほとんど存在しないからである。道徳的な制裁ならばたとえば国連決議などですむであろうが、法律的制裁となればゲヴァルト（実力）が必要となる。国際社会には、公式には、そうした実力が備わっていないのである。言い換えれば、国際警察も国際軍隊も、公式的には存在しえないといってよい。

そうであればこそ、たとえばアメリカのような軍事大国が（国連決議を取り付けた上で）多国籍軍を一時的に形成し、それによって国際法に違反した国家に制裁を加えてきたのであった。だが多国籍軍は国際社会にたいする大国の恣意にもとづくのが普通であって、国際社会から公認されたものとはいい難い。それどころか近年にあっては、国連決議すらないのに、「テロ撲滅」などという聞こえのよい掛け声のもと、大国の国家テロと呼ばれて致し方のない形で、アグレッション（侵略）が繰り返し行われる始末ときている。

まとめていえばワールド・ガヴァメント（世界政府）は存在しないのが現実なのだ。またそんなものがもし存在すれば、世界が世界政府の下にひれ伏さなければならなくなるという意味で、世界にディストピア（逆理想郷）が訪れるに違いない。しかも国連決議といってみたとて、それを動かしているのは実際には安保理常任理事国であり、そのアメリカ、英国、フランス、ロシアそして中国の五ヵ国は第二次世界大戦の戦勝国、つまりかつてのユナイテド・ネーションズ（あるいはアライド・ネーションズ）なのであるし、しかもその五ヵ国にあって、米ソ冷戦構造以来、互いに拒否権を発動するせいでその理事会はほぼ完全な機能障害に陥っている。

日本国家の振る舞い方についていうと、四半世紀ほど前から「国際貢献」が第一義的に重んじられている。すなわち、国連が国際秩序を作り、その制限の下に日本国家がおかれる、という思考法がこの列島では罷り通っている。国連の正体を知らぬのにも程があるというものではないか。それは国連の機能麻痺ぶりに留意していないのみならず、アメリカのような覇権国によって国連が動かされているという現実をすら無視している。

国際社会の秩序をめぐってコオペラティヴィズム（協調主義）とヘゲモニズム（覇権主義）――アメリカでリアリズム（現実主義）と呼ばれているもの――との二通りの考え方が今なお対立したままでいる。前者は国際間の政治折衝を通じて国際秩序を漸次的に形づくっていこうというものであり、後者は大国間の覇権争いが国際秩序を形成するとみる考え方である。しかしそこで二者択一を迫るのは無理筋というものであろう。実力を伴わない折衝は空語の積み重ねに終わり、実力のみに頼るのはかならずや弱小国の側からの（非合法のものを含めた）反発を招来するに相違ない。そうした政治的と軍事的とのエクストゥリーミズム（極端主義）が、今日の世界がグローバル・クライシス（地球規模での危機）に襲われているという事態の一因となっている、とみてさしつかえあるまい。

国際法なるものの不全について一例を示せば、いわゆる尖閣問題がその典型である。日本の宗主国めいた立場にあるアメリカは、「その島の統治権は日本に属し、したがってその島は日米安全保障条約の適用範囲内にあるが、その領土権については日中両国が折衝で決めればよい」といってのけている。しかし領土権とは、そも、何であろう。長期にわたって安定的に続いた統治権（あるいは施政権や管理権）が国際社会の慣習において領土に昇格する、ということではないのか。つまりアメリカは日本の尖閣統治は「長く安定したものとは断言できない」と認めていることになる。そんなことすら明確にできないのでは、国際法の未熟ぶりが窺えるというものである。また中国が南シナ海に軍事的な進出を行い、それについてハーグ常設仲裁裁判所が中国にたいして違法と断罪したのにたいし、中国は「そんなものは一片の紙屑にすぎない」とはねつけている。それが国際常識にたいする乱暴狼藉にあたると非難するのはたやすいものの、中国が国際法の無能ぶりを暴露してくれているとみることもできる。

このように世界危機の進行するにつれ国際法の不完全ぶりがますます明らかとなっている以上、我が国にかぎらずどの国家も「いかにして国際調整力と対外的実力を結合してみせるか」という難問に直面しているとみなければならない。

第八節　ポピュラリズムによって煽られたり封じられたりする国防意識

国際社会とて、それが社会であるからには、国家間のトラスト（信頼）がないわけではない。いわんやそれぞれの国家が互いの（広く弱い意味での）交換行為を通じて形成され来たったということに思いを致せば、国際社会における「共同利益の公正分配」への志向性が各国に少々なりともあると認めるほかないのである。とはいうものの「万人の万人にたいする闘い」（T・ホッブズ）ほどではないとしても、ダウト（猜疑心）が、国際社会の表層はおろかその深層近くにまで、染み込んでいると認めざるをえない。だから人類はますます過酷の様相を帯びる戦争状態へと誘《いざな》われているのだ。

各国の国民には「国防の義務」が課されている。日本国憲法にそれがないのは、アメリカの属国であることを示す憲法だからやむをえぬものの、普通の国家は、そうした相互猜疑の然《しか》らしむるところ、国防義務についての規定がある。ところがこの国防にかんする国民の意識は近代に入って右往したり左往したり止むことがない次第になっている。

つまりマスソサイアティにおいて「ポピュラリズム」の風が吹き続け、その義務内容がいつも揺らぐのだ。マスが「近代主義を疑わぬ人々」の謂《いい》であることはすでに述べたが、ポピュラリズムにかんしては一言の説明が必要である。「マスからの人気」によって政治が左右される事態を今日ではポピュリズムと称している。だがそれは、本来は、一八九一年にアメリカ中西部で農民たちによるポピュリスト・パーティ（人民党）が結成されて大資本や大企業からの搾取や操作を排そうとしたことに発している。――だからそれはグレンジャリズム（農民主義）とも呼ばれるのである――。したがってポピュリズムそのものには首肯して当然の要求が含まれているとみなしてさしつかえない。それにたいし、述者の造語にすぎないが、ポピュラリティ（人気）が物を言う世論状況としての「ポピュラリズム」は、その時々の世間のムードによって当て処なく左翼に傾いたり右翼へ振れたりする。わかりやすくいえば「平和」と叫んだり「戦争」に突っ走ったりする。そしてその際、マスを煽ったり封じたりすべく、単純モデルとしての理屈や刺激的モードとしての標語でマスソサイアティが動揺させられつづけ、すでに二世紀ときている。

この模様をまず外交問題に即していうと次のように描写されよう。国家がインディペンデンス（「他国に依存しっ放しでないこと」つまり独立）の構えを持つことは当然である。だがそのことだけが過剰に追求されるとショーヴィニズム（排外主義）へと堕ちていく。ここでショーヴというのはナポレオンの下士官であった者の名前に由来することで、その男は休みなく他国を撃とうと叫び立てていたらしい。

排外主義はいずれ限界にぶつかるので、コオペレーション（協調）の大切を知らされることになる。しかし次に協調だけが過剰に追求されるとインターナショナリズム（国際主義）の欺瞞へと落ちていく。国際主義がどうして駄目かというと、一方でコスモポリタニズム（世界連邦主義）の空想へと上昇したり、他方でおのれらの国柄への軽視という錯誤へと下降したりするからだ。そこで最後に国際主義から逃れるべく国家の独立へと戻らざるをえないということになる。こうしたいわばイズム（主義主張）の循環をポピュラリズムは繰り返すのである。

そのことを国防問題にかんして再確認すると、まず自衛のためにミリタリー・パワー（軍事力）を持つのは当たり前の話だ。だがそのことだけを強調しているとジンゴイズム（好戦主義）へと転落する。――ちなみにジンゴというのは「バイ、ジンゴ」（「神にかけて戦うぞ」との合言葉）にもとづく――。次に好戦主義への反省は、国際間のフレンドシップ（友好）を重んじようとの態度に反転していく。しかしこの友好を過剰に支持しているうち、いわゆるパシフィズム（平和主義）がもたらされる。ここでパシフィズムのごく日常的な意味合は、どんな事態にあっても物理的な力には訴えないということであるから、卑怯者たちの振る舞いということと同じである。このようにポピュラリズムにあっては国防の意識もまた循環の中に放り込まれる。

こうした「循環」から逃れる最もたやすい方法は、どこかの大国に服属してしまうやり方であろう。国防のことを例にしていうと、属国民に甘んじるマスたちにあっては、「軍事」にことさらの注意を払う必要もなく、「友好」を促進するのにとりわけて尽力するいわれもない。この傾向が戦後日本に強く現れている。なぜといって「核武装・防衛費増強・徴兵制施行」のことについて論議することを自分ら自身にほぼまったく封じてきたからだ。また、国連という正体不明のものを国際協調の主舞台とみなしてきたからだ。敗戦従属国の根性しか持たぬ日本国民自身がそうしたのである。

述者は核武装をはじめとする積極的な軍事論に賛成するものではあるが、ここでそうした方針を強く打ち出したいのではない。ただ、国際的な軍事情勢において日本のおかれている立場がどんどん弱くなってきているという経緯を考えれば、そうした軍事論議が澎湃《ほうはい》として起こって当然なのに、現憲法の九条第二項に「非武装・不交戦」が規定されているとの理屈が振り回されて、そうした論議を世論の表面に押し出す政治勢力が右から左までほぼ皆無となっている、そのことを指摘しておきたいだけのことだ、というのも、非武装・不交戦は単なる空語にすぎないからである。少なくともガンディイズム（非暴力・不服従）やゲリラ戦法（民間における徹底抗戦）のいずれかをとるのでないかぎり非武装・不交戦はユートピアでないとしたらディストピアにとどまる。

憲法に問題があるのならば、究極のところ、憲法改正に向かうか憲法のその条項を無視するかしかないはずだ。しかも戦後日本にあっては、自衛隊という名の「憲法違反」の戦力が六十五年にわたって存在し、少しずつ強化されているのである。正気の者なら、いや正直な者なら、日本国憲法をとるか自衛隊法をとるかの選択を引き受けるにきまっている。その当たり前のことを避けて通ろうとするのは、魯鈍《ろどん》でないとしたら卑劣および臆病に浸っているからにすぎない。またそうするのが属国人にふさわしいやり方となる。

以上述べたことのなかで追加的な説明が必要なのは、徴兵制についてであろうか。武器の性能が恐ろしいくらい発達した現代では、徴兵制を（持っていても）実施しない国もいくつかある。しかし強調されるべきは「国民に国防の義務これあり」と認めることの大切についてである。なぜといって、国家は国民によって歴史的に醸成されたものであり、国民の作り出した政府によって舵取りされるものだからだ。その義務意識を実質あるものとするには徴兵制を通じての軍事教練が最も有効なはずだ。――「老人は徴兵されなくていいね」という皮肉にたいしては、「老人も（神経痛を患っているのでもないかぎり）徴兵して武器の管理や修繕に従事させよ」と、笑いつつ、返しておきたい――。

第九節　デモクラシーに代えてマスクラシーの用語を遣われたし

述者はネオロジズムつまり「自己の言動を新語で飾ること」を忌みしてきた。それなのに「汝の文章に片仮名英語が多いのはどうしてか」、と反問してくる者も少なくないであろう。しかしそれは述者のせいではなく、明治この方、翻訳文化がこの列島に定着したからだと弁明させていただきたい。しかもそこにあって、誤訳や誤解がたっぷりと含まれているのである。

むろん翻訳文化の当初にあっては重々の注意が払われていた。たとえば、福澤諭吉がライトを「権理」と訳したことはすでに述べたが、西周《あまね》がフリーダム・リバティに「自由」の訳語を当てがったのも故あってのことと思われる。つまりそれは「自分の所業には納得のできる事由がある」ということを指して自由と呼んだのである。そして「理《ことわり》」といい「由《よし》」といい、どこから出てくるかというと、自国の歴史によって運《トラデー》ばれ《レ》きたった伝統《トラディション》から、だと感じられていたはずだ。

だが、デモクラシーをなぜ素直に「民衆政治」と訳さなかったのであろうか。そうしておけば、もし民衆の多数派が賢明ならば立派な政治がもたらされるであろうが、逆に彼らが愚昧であれば愚鈍な政治をしか結果しない、とすぐさま見通せたに違いない。ところが、とりわけ戦後にあって、デモクラシーには民主主義という訳語が当てられ、そのせいで民衆礼賛や民衆迎合が音立てて進行した。話はそれにとどまらない。現代人は、追随者たる民衆であれその先導者である政治家・知識人であれ、いわゆるマスと化しているのである。

しかもマスにたいして「大衆」という訳語を当ててしまったのは、取り返しようもない間違いであった。英語でマスというのは、一般的には「大量」の現象のことを指すが、それが人間社会にかんして用いられる場合、「近代主義に一片の疑問も抱かない（専門人を見本とする）大量の人々」という意味なのである。少なくともその語を世界に広めた立て役者であるスペインの哲学者オルテガにあってはそうであった。そして悪いことに日本語で大衆という語にはかならずしも否定的な意味合が伴わない。その証拠に「我々大衆は」とか「皆様大衆のために」といった表現が平気で用いられてきたのである。

マスマン（大量人）というのは、すでに少々触れたことだが、「単純な模型が大量の流行となる事態を惹き起こしたり、それに唯々諾々と従っていく者たち」を指す。――それをここではこころみに「模流人」と名づけてきたわけだ――。そうしたほうがよいと思われるのは、モダン（近代）の元々の意味はモデルとモードとほぼ等しいからにほかならない。そうであればこそ、大量人とは近代「主義者」のことだとなるわけである。

現代における選挙民はおおむねマスマンの言動をとっており、また指導者として表舞台に出てくる政治家や「いわゆる知識人」はそうしたものとしてのマスマンたちの（代表者というよりも）代理人となっている。こうした出口のない社会状態を指してマス化と形容されてきた次第なのだ。

大量人の集まりを「団塊」と呼ぶのは見当が外れている。彼らの示す言動はむしろ「砂山」の動きに似ている。すなわち「バラバラに分離された粒子のごとき人々の巨大な集まり」であり、それは模流としての世論が変われば一夜にして姿形を変える、といった種類のものにほかならない。それなのに、せいぜいのところ、マスデモクラシー（大衆民主主義）などという自己矛盾に満ちた、あるいはきわめて中途半端な用語しか用いられていない有り様なのである。

むろんのことだが、大量人といいマスソサイアティといい、それにひそかにせよ懐疑を抱く者も少なくないではあろう。しかしそうした自己批判を公の場で表現するのは禁忌となったままだといってよい。そのタブーを破る者は公然もしくは隠然と公の場から放逐される成り行きとなる。そしてこのマスクラシー（大量人の支配）は今や世界中で政治危機の多発となって現象しているとみざるをえない。

マスクラシーにあって国家喪失や故郷喪失の感覚が広がっていくのは周知のところである。というのもマス現象を差配しているのはテクノロジズム（技術主義）とマモニズム（金銭崇拝）の原則だからだ。いやそれは、「主義」であることを超えて、大量人たちの無自覚の生活習慣病にまでなりおおせている。「模型の流行」の構造は技術システムであり、その機能が金銭や票数によって測定される結果、そうなるのである。

大量人たちが国家喪失および故郷喪失の不安神経症に悩まされていることは認めなければ

ばならない。彼らは都市化や世界化の風潮に呑み込まれて都会を彷徨い、世界に漂流しているとみてよいのではないか。それにもかかわらず彼らは都会人とか国際人と呼ばれてむしろ悦んでみせている。いや厳密にいえば、彼らは国家や故郷の感覚にウオント（欠乏）していることに憂鬱を感じてはいる。国家・故郷を再興することにウオント（欲望）を抱いてもいる。さらに、彼らは、インハビタント（住民）であることをすら実質的にいって止めようとしている自分らの姿に不安を抱いてもいる。住民とは「人間が家族および地域共同体の主となること」であり、それを英語でインハビタントと呼び替えても「ハビット（慣習）のインに（中に）入っていること」を意味するというのに、彼らはいつまで待っても慣習を我が物にできないのだ。

パトリ（父祖の地）を失うことを「いと、おしい（惜しい）」つまり祖国を愛しいと思うのがパトリオティズム（愛国心）にほかならない。それを、我が国でいえば、「原始的で野蛮な感情」と呼んだのは幸徳秋水である。むろんそうである場合も生じるのだが、しかし、祖国を失った者たちの望郷の念ほど強いものはめったにない、というのもまた事実なのである。その意味でならば祖国を持たぬ者たちとしてのマスのクラトス（力）はみかけほど大きいものではない。彼らは「国家を支配するのに必要な国家への愛情」をすら持ち合わせていないのである。

誇張を恐れずにいえば、そんな状態に平気で堪えられるのは、ロボット（労働機械）やサイボーグ（情報被制御体）と化した、人に非ざる人々くらいのものであろう。もちろん人間のロボット化もサイボーグ化も社会の現状に傾向線を引いてみたとき、その果てに浮かんでくるネガティヴな人間類型にすぎない。だからあまり大声でマスクラシーの到来に悲鳴を上げる必要もないではあろう。ここで確認しておきたいのは、自分らがその傾向線を引いていることにすら気づかないどころか、その線に乗ったままでいる者たちが休みなく増え続けているということである。少なくとも現代人はロボットやサイボーグのペルソナ（仮面）を被りつづけている。そんなことをやっていると、ついにはそれがパーソナリティ（人柄）になってしまうのではないか。「お前もそうだろう」といわれたら述者は、どれほどかについては報告しないが、こんな世の中に自分が生きているのは確かなのである以上、その気味が少しだけあると無念至極にも認めざるをえない。

第十節　アメリカニズムが科学と武力とで世界を美しい砂漠に変えた

フィリピンが、旧宗主国スペインのフェリペ二世の名をとってフィリピンという国名にしたのも理解し難い話だが、そこにたいする次の宗主国アメリカとて、みずからの国名の由来はいささかならず奇妙である。アメリカという名称は（コロンブスに先んじて「新」大陸を発見したとしばしのあいだだけ詐称していた）アメリゴ・ヴェスプッチの名をとってできたのである。そのことについてすら知っている日本人はごく少数であるに違いない。USAについての誤解も数々ある。たとえば米英戦争に勝利したあと暫くして発せられたJ・モンロー大統領の「宣言」をUSAの孤立主義と受け取っている者が多い。違うのだ。それは、「欧州のことには手出しせぬが、USAは両大陸を覇権下に治める」という姿勢を打ち出したものにすぎない。

J・スタインベックに『赤い小馬』という小説がある。そこに、西海岸に到着してしまったある老人が「西漸《せいぜん》するためのフロンティアがなくなった」ことに慨嘆する話が出てくる。だが、その歎きは早計であったのだ。太平洋の向こうがわには日本をはじめとするアジアがある。そして、結局、そのさらなる西漸運動はハワイやフィリピンをスペインから奪ったあと大東亜（太平洋）戦争へと至ったのである。

石原莞爾《かんじ》がその戦争を「最終戦争」とみなしたのはなぜであろうか。大まかにいうと米日が近代主義の先頭に立っており、それゆえその勝敗が決すれば、大戦争はもう起こらないと彼はみなしたのである。その見通しが間違っていたことをここで指摘したいのではない。石原にあって、ということはその戦時期の日本にあって、近代主義への懐疑が一片も示されていないことをここで明らかにしておきたいだけのことだ。というのも、この日本の平成期においてアメリカ仕込みの「グローバライゼーション」が少しも疑われることなしに迎え入れられてきたではないか。近代主義を疑っていないのに、「グローバリズムの時代はもう終わった、これからは国家主義の時代だ」などというのは能天気にも程があるというしかない。

政治思想の次元でいうと、USAの本質がレフティズム（左翼主義）にあることすら確認されていない。これまでも何度か示唆したように左翼とは（フランス革命期においてジャコバン派が国民公会の左側に席をとったことに因んで）「自由・平等・博愛・合理」の理想四幅対を国家の表玄関に掲げることを指す。フランス革命がアメリカ独立革命のあとに続こうとしたものであったことを思えば、アメリカニズムの少なくとも公式の立場は左翼に大きく傾いていることは論じるまでもない。そのことを米ソ間のいわゆる「冷戦構造」においてみると、その構造は近代主義を個人主義的に実現しようとしたUSAと集団主義的に遂行しようとした旧ソヴィエトとのいわば内部紛争とみなしてさしつかえない。――ディスピュート（紛争）とは武力衝突の直前にある喧嘩のことである――。それなのに親米であることを保守といい、親ソであることを革新と呼ぶという大いなる錯誤に戦後日本ははまったたままでいる。

だから、親米保守などという代物は厳密にいうと「親左翼にして反左翼」という訳のわからぬものになって当然というほかない。むろん細かくいえば、一八三〇年前後に登場したA・ジャクソン大統領が率いたマスクラシーの前までは、その端的な例としてアメリカ独立革命は、西欧に元来のリヴォルーション(歴史の英知が「再巡」することとしての革命)を多少とも大事にしていたことは(H・アレントとともに)認めてよいのかもしれない。しかし何はともあれUSAは純粋近代主義としての左翼という路線をひた走ることになったのである。このことをまったくわきまえていないものだから、明治維新後に始まった我が国の近代化は、大東亜戦争敗北のあとますます純粋化されていくばかりとなったわけだ。そうであればこそ「アメリカに倣って日本社会を構造改革せよ」などという戯言が昭和の末から立て続く仕儀となった。このようにみてくると、安倍首相が「日米間の一〇〇%の軍事同盟」といったのもごく自然な成り行きであったといわざるをえない。

だがグローバリズムの失敗とか構造改革の挫折とか市場原理主義の頓挫などという世間で多々論じられていることについてここでさらに喋々するのは避けよう。述者が指摘したいのは、左翼主義のもたらしたのはいったいいかなる思想(考え方)であるのか、ということについてだ。結論を先にいうとUSAのをはじめとする左翼主義もしくは近代主義の根底にはユニヴァーサリズム（普遍主義）というものがある。普遍主義、それはパティキュラリズム（個別主義）の対極にあるもので、諸個人や諸国家における個性や歴史の差異を無視してかかる態度にほかならない。なぜUSAでそんなことが起こったのか。その国家は世界の移民もしくは流れ者が集まってきた場所である。言葉も風俗も慣習も伝統も異なった多人種・多民族・多宗派のメルティング・ポット（坩堝《るつぼ》）がUSAの偽らざる姿でありつづけている。逆にいうとその差異を打ち消すなり平板に均《なら》すなりする必要がUSAにおいてことのほか大きかったし、今もなおそうだということである。

この普遍主義をいささか具体レベルに置き換えると、人々の意思疎通において第一に伝達の容易さが重んじられ、それすなわち（形式化と数量化を旨とする）貨幣が玉座につくということになる。「時はカネなり」（B・フランクリン）というのはUSAの本性をよく表わしてくれる格言なのである。

第二にユニヴァースという言葉の本来の意味はワン・ターン（一回転）だということに着目しなければならない。ユニヴァース（宇宙）では昼と夜とが循環している、というイメージからその意味が生じたのであろう。

この「循環」としての普遍主義が近代主義を見事に染め上げている。たとえば自由（平等・博愛・合理）をひたすらに追い求めるとかならずや放縦（画一・偽善・屁理屈）に舞い上がり、それに堪えかねて秩序（格差・競合・情操）に立ち戻ろうとするのだが、それが今度は抑圧（差別・酷薄・熱狂）へと転落し、それに飽きがくると元々の自由（平等・博愛・合理）へと立ち戻る。理想と現実の（状況に応じた）バランスとしての活力・公正・節度・良識はなかなかやってこないのだ。こうした循環をアメリカニズムは、さらには近代主義一般が、繰り返していると思われてならない。宗教ならば原理原則における普遍なものを押し出すこともできるであろうが、政治ではそうもいかないのである。

第三に意思伝達における表現がインテリジェンスをめぐって蓄積される、というのもユニヴァーサリズムの特徴である。ここでインテリジェンスというのはインフォメーションとほぼ同義であって、知性というよりも（技術的な）情報というものに近い。USAが技術者や科学者をはじめとする専門人を世界中から集め、彼らがいわゆるイノヴェーショナリズム（革新主義）の先頭に立っていることについては、誰しもが知っている。

第四にユニヴァーサリズムは結局のところニヒリズム（虚無主義）という（価値放棄というけったいな）価値尺度をしか採用できなくなる。というのも、人間や社会における個別性（さらには具体性や特殊性）が剝奪されていき、そして人間の人生も社会の時代も生ける意味や価値を失って単なる「形と量」の中に融解していくからである。そして形式と数量が美しいまでに整えられ、で、そのクォンティファイアビリティつまり「計量可能性」に乗って、アメリカニズムを外国にも普及さすべく、軍隊という最も近代主義的な代物が強化されつづけてもいる。

アメリカ論にあってUSAが（J・ボードリヤールなどによって）「砂漠」になぞらえられることが多い。この砂漠という言葉によって喚起されるイメージは、虚無心を心中に抱いて宇宙の果てへと上昇していく者たちの姿を表わさんとしているのではないか。その意味で、いささか強引だが、『スター・ウォーズ』のような未来観はUSAをはじめとする近代主義がほぼかならず突き進む方向だといえよう。――そのことを述者は、一九七七年にアメリカに滞在した折に子連れでその映画を観て、「ジュラルミン色に変色した北米大陸が宇宙へと飛び立っていく」と形容しておいた――。少なくとも確かなのは、アメリカニズムが戦争を通じて諸外国にまで押し付けられてすでに久しいということである。

そして現代日本にあっても、USAの跡を追うどころか、その先をいくというような形で普遍主義という名の虚無主義が広がっている。こんな言い方をすると気分を害する人々も少なくないであろうが、スマホに見入って沈黙したままのマスマンの群れ、また右から左へ左から右へと揺れ動いて止まることを知らぬ世論なる怪し気なもの、それらがこの列島を包む虚無の瘴気《しょうき》がいかに濃いかをよく示しているように思われる。

第三章　貨幣は「戦さの女神」

「ロミオとジュリエット」の悲劇の恋愛が演じられた場所はイタリアのヴェローナである。そのことを知っている者は多いが、しかし、ベローナが（ギリシャのアテナと同じく）「戦さの女神」と知る者は多くはない。そういう言葉であればこそ、ベリジャレンシーといえば「好戦的な態度」を指すのである。今の世界は戦さの神と手を結んだマモン（富の神）によって随時随所で戦争へと導かれているようにみえる。

漢語において「貨」は「ほかのどんな品物にでも化ける（変わる）ことのできる宝物（貝）」のことを意味し、そして「幣」は「神にささげる布」のことである。この尊いはずのものをめぐって争いが果てしなく続くというのだから、神々の世界にあってもまた戦さが好まれているということなのだろうか。品物を交換する際のメディア（媒体）が戦いを招き寄せるのだから、交換性向をいわば本能として生きる人間たちの世界も厄介事から永遠に逃れられない、と見究めるしかあるまい。

メディアム（複数形はメディア）といえば、単に発音が同じということだけだが、ギリシャ神話の王女メディアのことを連想せざるをえない。彼女は自分の夫が王の娘婿として去っていったことに憤激し、王とその娘さらには自分の二人の息子を殺して、いずこへともなく去っていったという。つまり嫉妬と復讐の王女がメディアなのであるから、マネーという媒体にすぎぬとされているものにも何かしら怨恨の執念が込められているのではないか、との拵《こしら》え話をしたくなってしまう。そのマネーという言葉の由来はイタリアのモネータ寺院がコインを鋳造したことにあるという。その寺院の仕事は婚姻の契りを固めることにあったというのに、その契約に随伴して闘争が始まるというのだから、人生も時代も意のままにならぬというほかない。

ついでに確認しておくと資本の「資」は「宝物を積む」ということで、キャピタルのキャップはいうまでもなく頭に乗せる「帽子」を指し、それゆえ、資本の持主は集団のキャプテン（総帥）のこととなる。この総帥の権力をめぐる争奪戦もまた世界に広くおよんでいる、それが世界史の過去・現在・未来だとみてさしつかえない。

第一節　経世済民を忘れた経済「学」

エコノミーとはオイコス・ノモス（家の法《のり》）のことであるから、そして最も大きな家は国家なのである以上、それはそもそもの成り立ちからしてポリティカルな考え方を含む。そのことを強調すべく十八世紀から十九世紀前半にかけてポリティカル・エコノミーという表現が好まれていた。それをのちに古典派経済学と呼ぶことになったが、それはまさにクラシック（古くて上等）な経済思想であったといえよう。ところが、我が国で明治維新が起こるころ、西欧ではポリティカルという形容が外されて、純粋経済学としてのエコノミックスが作られはじめた。ここで純粋というのは技術的な行為が、個人にあってであれ社会にあってであれ、いわばロー（法則）として展開されるとみることを意味する。

人間の物質的・技術的な営みを素直にみれば、そこに権力・慣習・価値といったほかのメディアも介在しているとわかり、またそれを知らなければ「世を経《たす》け民を済《すく》う」ことなどできはしない。それなのに市場の交換法則とやらを純粋に取り出そうとするのはなにゆえなのであろう。それは、たぶん、社会の基礎は物質・技術にあるとみなすという広い意味での唯物論のせいである。つまり社会の基礎過程についての話ならばほかのメディアを無視してもかまわないとみなされたわけだ。――控え目にいっても物質・技術にかかわる以外の事柄はすべて、不変であるのみならず、合理的個人という近代主義的な人間像を成立させることのほかには格別の意味がない、とされたのだ――。

たしかにマルクスがいったように労働者が労働力にまで圧縮され、そして労働力の商品化すらが罷り通るということになれば、市場の法則こそが社会の基礎を構成しているとみなされて当然といえる。もっと正確にいえば、商品フェティシズム（物神崇拝）が人間心理の奥底にまで、そして社会の隅々にまで、浸透するということになれば、そうした意味での唯物論も説得力を発揮するということになる。だが労働者という人間が労働力というエネルギーに還元されてしまうことそれ自体が人間にとっては統合失調の状態なのである。また万事が個人の合理的選択によって決せられるとみる近代経済学派の見方にしても、人間感情に随伴する非合理の要素を故なく殺ぎ落としているという意味で、人間観における統合性を欠いている。

市場で交換されるのはグッズ・アンド・サーヴィスではある。しかし人間の抱く価値や社会に普及している慣習の如何《いか》んによっては、それはバッズ・アンド・スレイヴァリー（悪しき財と隷属の状態）に変じる。――誰も公言しないことだが、サーヴィスも元々はスレイヴ（奴隷）ということなのだ――。その見本が公害であったり（サラリーマンの）会社秩序への服属であったりするのだ。

経済という学問はそもそもの始まりからして「経綸問答」（中江兆民）でなければなるまい。ここで「綸」は、「倫」もまたしかりだが、「物事の筋道」ということにほかならず、その「事」にはつねになにほどか貨幣以外のほかのメディアも関与するにきまっている。その端的な例を挙げれば、消費主体である家族にも生産主体である企業にも貨幣の供給主体である政府にも、集団ならば当然のこととして、権力も慣習も価値もかかわってこざるをえないのである。貨幣メディアの振る舞いだけを取り出して人間・社会を論じる結果、「七つの大罪」の一つにほかならぬグリード（貪欲）が独り歩きすることになる。その歩き振りを示したのがシェークスピアの『ヴェニスの商人』におけるシャイロックやディケンズの『クリスマス・キャロル』におけるスクルージという吝嗇《りんしょく》にとらわれた人間像である。

だが、純粋経済学にあっては「結婚離婚の経済学」や「革命の経済学」などといったたわけた理論模型にみられるように、万事がコスト・ベネフィット（費用対便益）という「形と量」の次元に押しつぶされてしまっている。そこでは形式と数量の次元を滑走するのが一種の精神病理だということすら無視されている。むろん吝嗇や貪欲もまた人間心理における重要なディフェンス・メカニズム（防衛機制）であることは認めざるをえない。しかしその機制の何たるかを自覚しないままに、オートマティズム（自動症）として繰り返すのは明らかに病理である。「自分の病理を自覚できぬのが本格的な精神の病理」ということだ。

いや、「自覚していても自己制御できないのが行動の病理」というべきかもしれない。かのリーマン・ショックの折、政治家と財界人のパーティにおいて、ある証券業者が「俺たちの貪欲をどうにかしてくれ」と政治家に頼んだという。たしかに人類史を振り返れば貪欲の系譜とでもいうべきものを見出すことができる。よく博愛などが口にされるが、その種の慈善はいずれ偽善に転落する。そして人々は競合へと向かうのだが、それは（自分に余裕がなくなると）いずれ酷薄な弱肉強食に堕ちていく。だから博愛と競合のあいだでバランスをとるのが徳義に適った生き方と認めるしかない。しかしその徳義が「言うは易くして行なうは難し」の見本例であることはいうまでもない。ここでいいたいのはその徳義の存在すらが忘れられ、吝嗇や貪欲があたかも徳目であるかのように喧伝している経済学というものの罪深さについてである。そこでは消費者にあっては効用最大化そして生産者にあっては利潤最大化というものが、しかも実際にはごく短期間の視野における効用や利潤を求めるのが、あたかも普遍の真理であるかのように強調されている。

人間行為の基礎過程は仮にそれを物質的・技術的なものとみなすとしても、そうみなす

「言語における意味行為」は何であるかについての説明や解釈がなければならない。ここ三、四十年にわたってインターディシプリナリー（学際的）な研究の必要がいわれている。しかしその学際関係を結びつける基礎理論が、十九世紀から二十世紀の変わり目にいわゆるリングウィスティック・ターン（言語論的転回）が人間・社会論において生じたからには、言語意味論の方向に見出されるべきだということがまったくなおざりにされたままである。基礎論を持たずに学際的な重複研究をやろうとするのは、スコレー（暇）だらけのスカラー（学者）の遊び事にしかならない。必要なのは、K・G・ミュルダールのいったトランスディシプリナリー（超学的）な接近法であろう。つまり一人びとりの学者や研究者が自分の専門領域を超えて他の専門諸分野を自分で渉猟し、そしてその過程で基礎論を模索し、重複研究を重ねていくということである。だが、その呼びかけがすべて看板倒れに終わったのみならず、形式と数量という把握しやすいものに頼って、今や世の中は純粋経済学的な思考の大洪水となっている次第だ。

第二節　市場はダーンス・マカーブルの踊り場なのか

マーケットはマルカータス（交易）の場で、そして「交易」とは「たやすく換える」ということである。マルクスやH・マルクーゼはそうしたものとしてのマーケットに大変革をもたらすのもたやすいとみて近代風の革命を奨励したのかもしれない。それは冗談だとしてもともかく、市場の「市」は「平坦」な場所に交換の場が設けられたことに発している。だがその平坦には「公平」という意味が、つまり公平な取引が行われるということもが含意されていた。おそらく他者との公正な交易なしに人間も社会も存続しえぬのであってみれば、他者との意思伝達を本性とする言語的動物・人間の文明にあって、市場は「言語とともに古い」最大の発明品の一つであるに相違ない。

ところが経済学とやらにあっては、その市場のインフラストラクチャー（下部構造）をなすパブリック・グッズ（公共財）がマーケット・フェイリュア（市場の失敗）をもたらす、つまり集合的消費を必要とするインフラがあると市場交換の効率性が損なわれる、とみなされつづけてきた。何という錯乱した言葉遣いであることか。「市場の失敗」の前に論じられなければならないのは「市場の不成立」についてなのだ。

あっさりいうとインフラがなければ市場をエスタブリッシュ（設立）することが叶わぬのである。たとえば人々の往来や物資の運搬を可能にする輸送機関、人々のあいだの交渉を可能にする道徳や教育、未来の展望を多少でも確実なものにする知恵ある政治、そして人々のあいだに信頼をもたらす共有の価値観などがなければ、そもそも自由な交換が、いわんや公正な取引が、順調に進むわけもない。しかも「インフラ」の在り方は、国家経済の未来像をも示唆するという点では、スープラストラクチャー（上部構造）ともなっており、そのスープラを勘案して民間が投資や貯蓄といった長期的視野での行動を決定することになりもするのだ。

そのことを社会学的にいえば、ゲゼルシャフト（利益調整体）の前にゲマインシャフト（規範共有体）がなければならないという論理になる。そのことに注目して中世のスコラ哲学者T・アクィナスはジャスト・プライス（公正価格）が市場取引を律するのでなければならないといったのである。二十世紀に入ってJ・ヒックスという正統派経済学の領袖の一人が「賃金の標準は慣習によって定められる」といったのはその線に沿ってのことだ。

勤労者がその慣習賃金を受容するというのは、それで自分の家族の生活が賄えると思うからに違いない。ということは、勤労者の購入する主として消費財の価格について何らかの安定した期待を持っているということでもある。総じていうと市場で取引される多くの商品の価格が公正価格の周辺で、需要と供給の差に反応しつつ少しばかり変動する、というのが市場なるものの標準的な姿であるべきなのだ。

その需給調整にかんして重要なのは、一つに、市場（とくに小売市場）にオークショニア（競売人）などがいるのは稀なのであって、多くの場合は商品供給者が自分でプライスィング（価格付け）を行い、在庫の変動に応じてその価格付けを漸次的に変えていくということである。A・スミスに始まって、神のインヴィジブル・ハンド（見えざる手）とかインパーシャル・インスペクター（公平な観察者）などといわれるが、実際にはそんなものはない、もしくはほとんどない。取引者たちが自分で商品の需給状態を調べ、そしてその状態についての未来展望を形作ることを通じて、価格付けを時間をかけて変更していくのである。二つに、市場の需給関係はいわゆるキンクト（屈折）した状態にあるはずだ。供給者は公正価格より低い価格では商品をあまり売ろうとしないし、需要者は公正価格を上回るのでは購入を差し控えようとする。経済学でいわれているように供給曲線や需要曲線はさほど滑らかな曲線を描くわけではない。言い換えると、需給調整は公正価格の近傍においてのみ進む、というのが実際に近いのである。

そのことがとりわけて重要となるのは生産におけるフィクスト・ファクター（固定要素）の需給をめぐってであろう。生産設備や（長期契約）勤労者がどれほど固定的であるかについては色々な場合があるではあろう。ともかく固定要素は時間をかけてしか変化させることができないので、どうしてもその需給と価格についての未来展望が不可欠となる。そのことを重視すると、市場における自由競争というのは大いなる誇張であり、もしその誇張された状態が現出するならば、それは市場が危機に向かっていることの印だとみざるをえない。今世紀初頭に世界市場が混乱の極に至っているのは、そのことの端的な現れだとみてよいであろう。

固定要素のことを中心において商品生産のことを考えると、企業における「共同利益の公正分配」が生産の下部構造を形成しているとみるほかない。つまり株主への配当、関連金融機関への利子支払、経営者への報酬、勤労者および下請企業へのボーナスなどの分配率が（公正といわれている割合で）安定しているのが正常なのだ。もちろん個人の能力や努力に応じて効率計算にもとづく個人利益という次元もあるのだが、それは生産の上部構造にすぎない、そうみるのが企業観の標準型でなければならない。したがって（T・ピケティの指摘した）資本分配率のひたすらなる上昇が、逆にいうと労働分配率の止めどなき下落が、競争市場の歴史的趨勢なのだというのが本当ならば、市場は今やダーンス・マカーブルつまり（西洋の中世終わりに流行ったという）「死の踊り」が再現されているというほかない。簡略にいうと、資本は「国内購買力が低迷するため（戦争に訴えてでも）国外に進出しようとする」ということだ。それに加えて（後段でみるように）独占寡占の問題がある。資本分配率の上昇は巨大独占体もしくは寡占体の成長ということと軌を一にしている。モノポリー（供給独占）のみならずモノプソニー（需要独占）もが広がっているのだ。

競争の「競」は「同じ力量の者たちが並び立つ」ことを意味しているし、それを英語でコンペティションといってみても「似た者どうしが戦う」ことを指す。そうしたものとしての競争を否定する独占体・寡占体が公正な価格付けを行うはずがない。競争の効率などというのは、こうした不公正な事態への弁護論にすぎない。マルクスは「商品の価値は労働時間できまる」という労働価値説にもとづいてエクスプロイテーション（搾取）を立証しようとした。それが間違った理論だとしても、公正価格から大きく隔たった状態で取引が行われるのでは、公正観念が社会で共有されているかぎり、文化的な意味合では搾取が行われているとみるほかない。いや、公正観念そのものが社会から消失してしまっているのなら、ということは「共同利益の公正分配」という規範がこの世から消失してしまえば、企業が組織体ではなくなり、それにつれて搾取の概念もまた無意味となる。それすなわち「優勝劣敗による自然淘汰のジャングル」に世界が変質しつつあるということを意味する。それはかならず企業の生産や販売の工程に混乱を生じさせずにはいないのだ。

世界の現状に接線を引いてみれば、その接線の向かう先には社会ダーウィニズムつまり「弱肉強食・適者生存」の酷薄な（社会ともいえぬ）社会が浮かんでくる。どこかでこの傾向線は屈折して公正へと立ち戻るのかもしれないが、それを思わせる予兆は今のところどこにもない。いやそうではない。先進各国における反グローバリズムの動きは、とくに金融方面における独占体・寡占体の跳梁跋扈《ちょうりょうばっこ》にたいする反乱とみてよいであろう。その意味では希望なきにしも非ずといってもよいのだが、しかしその反乱もまたいわゆる政治のポピュラリズム（人気主義）に煽られているのであってみれば、その希望も儚《はかな》く脆《もろ》いとの感を深くする。

第三節　マネーは証券を手に入れて現代のマナとなった

『西太平洋の遠洋航海者』（B・マリノフスキ）は、島々がクラ（贈与儀礼によって結ばれる異部族間の交際体）を形成し、そこではたとえば「海底に沈められた巨大な石造貨幣」が共同幻想によって交換の媒体となっていたという。ここで共同幻想というのにはネガティヴな意味合はまったくない。その（実際には）運搬することの不可能なものを共同幻想にもとづいて品物の交換媒体として使用したということにすぎない。なおマナというのは「呪術的な力」を持った何ものかのことであり、それを皆して信じていれば交換媒体となりうるということである。

また「沈黙交易」（K・ポランニーなど）にあっては、世界各地における未開の地でバーター（物々交換）が沈黙の形で行われていたという。それは「取引が争闘に発展するのを避けるため」とみなされることが多いものの、管見によれば、これもまた共同幻想にもとづくのではないか。つまり、相手が差し出す品物にどれほどの労苦が込められているかを、その体験がなくとも、互いに想像し合うことができるので、物と物との交換比率がおのずと定まってきたのだと思われる。

共同幻想のことに触れたのは、文明における貨幣が技術的な次元にあまりにも固く結びつけられていることを批判したいからにほかならない。つまり貨幣の発生について残っているのは商品貨幣説と政府決定説の二つだけとなっているのである。

前者のゴールド（金）が貨幣となるということについて、たとえばC・メンガーは「セーラビリティ」（販売可能性）が最も高いのは金《きん》だ、ということを強調している。そこで販売可能性というのは金は何物にでも換えられるし、また誰もが金を欲しがる、ということを指している。だがこれは必ずしも頷ける説ではない。販売可能性が高いか低いかを知るためには、まずもって市場が広く世間を覆っているのでなければならない。だが、市場が社会を覆うためにはまずもって貨幣という媒体がなければならないのである。結論を前提にしているという意味で経済学者たちの定説となっていた商品貨幣説が拒がれなければならない。言い換えると貨幣という共同の象徴観念が貨幣の実在に先行するということである。

G・クナップの政府決定説というのがある――通常、それは「貨幣国定説」と呼ばれているが、第二章で述べたように「国」という言葉には多様すぎる意味合があるので、ここでは政府の統治権によって貨幣たることが法律的に定められるという点に注目して政府決定説と呼んでおく――。現在の市場にあっては、とくに（金との）非兌換の紙幣が市場に出回るようになったのであってみれば、政府決定説で過不足はないように思われるかもしれない。しかしこの説にも瑕疵《かし》がある。その政府決定に社会がトラスト（信頼）を寄せるのでなければ、混迷せる国家にあってハイパーインフレイションが襲来するといういくつもの事例にみられるように、政府決定の貨幣は媒体としての役割を果たせなくなる。それゆえ、これは（元甲南大学教授の）吉沢英成氏が「人々の共同主観が貨幣発生の基礎」という形で明らかにしたことなのだが、共同幻想としての貨幣と通底するものとしてのいわば「信頼貨幣説」が正鵠を射ていると考えざるをえない。

「観念の共有」というのは言語的動物としての人間にとって、本来的なことだといってもさしつかえない。人間の心理の内には「一般的他者」（G・H・ミード）というべきものがあるのだ。その「自分をみているもう一人の自分」としての一般的他者はすべての人間とのあいだでの「観念の共有」へと導かれていく。その意味でなら未開と文明のあいだの貨幣観念に本質的な差はないのである。むろん近代では金融機関がクレディット（信用）を創造するので、貨幣の量は政府決定量の何倍にも膨れ上がりはする。しかしその根元には社会的信頼にもとづく「政府決定」があり、そして社会的信頼の根底には共同幻想としての貨幣観念があるとしなければならない。「国家は幻想共同体である」（B・アンダーソン）ということを否定的な意味合いで用いてはならないのである。幻想というのは言い過ぎだとしても国家という名の象徴を国民が共有しているのでなければ、紙幣なんかが市場に出回るはずもない。

ただし、近現代にあっては貨幣の機能は単なる（象徴的な意味での）価値尺度にとどまってはおらず、様々な機能分化を起こしている。第一章でＴＥＡＭ（伝達・表現・蓄積・尺度）という言語の機能のことを指摘したが、それとまったく類同する形で、近現代の貨幣機能は「流通・決済・貯蔵・標準」の四機能へと分化している。つまり貨幣は商品流通のサーキュレーション（流通）のためのものであり、債権・債務のペイメントやクリアランス（支払・決済）の手段であり、未来への予備や投機のためのホーディング（貯蔵）のためのものであり、そして諸々の商品間の交換比率を定めるためのスタンダード（標準）なのである。貨幣は言語の（技術的側面における）派生物である、とみなしてさしつかえないということだ。

この四機能からなる貨幣的交換の構造は、危機に瀕したとき、一方で金へと逆戻りする傾向を示したり、他方でビットコインのような超人工的な次元に跳びはねたりもしはする。しかし多少とも安定的な市場においてならば貨幣は上記の四元的機能のあいだでのバランスを保っているものなのである。この構造・機能を信頼するということは、それを社会契約論にあえて置き直してみると、貨幣的取引のコントラクト（契約）の前に貨幣を信頼するというカビナント（盟約）があらねばならないということになる。むろんこの盟約はインプリシト（暗黙）にしてユナニマス（全員一致）の性質を持つ。だからそれを「慣習の共有」といってもいいし「伝統への信頼」と呼び変えてもよい。ところが近現代社会はいわゆるチェンジング・ソサイアティ（変化しゆく社会）であるため、この暗黙の盟約が絶えず動揺させられるという顚末になっているのである。とくに左翼風の政治にあっては政府批判が常套句となっているのであるから、政府への信頼が揺らぐのは当然の成り行きだ。

とくに問題なのは、資産のプロパティ・ライト（所有権）がセキュリタイズ（証券化）され、そうなることによって社会の総体がコモディタイズ（商品化）さらにはキャピタライズ（資本化）されてしまっているという点である。

ある日本のヘッジファンダーが「カネで買えないものなんかあるんですか」といってのけた。健全な人間ならば「友情はなかなか金では買えない」と応じるであろう。さらに変化の絶えなき社会では証券・金融資本の将来収益もまた不確かきわまるものとなってしまうのであるから、資本「主義」はいずれ「由々しき混乱に呑み込まれるであろう」と答えもするに違いない。

証券価格が何できまるかについて経済学とやらは「貨幣利子率で割り引かれた（企業への）純（見込）現金流入の総和」としているが、その見込がアンサートゥン（不確実）なのである。ここで不確実性というのはF・ナイトのいった意味においてであって、確率的にとらえられるものとしてのリスク（危険）を超えた種類の不確かさのことを指す。その未知・不可知としての不確かさを引き受けることを指して、ナイトはアントゥレプレナシップ（企業家精神）と呼び、企業家はその不確実性を引き受けることとの引き替えでプロフィット（利潤）を得るとみなしたわけだ。今、CEO（最高経営責任者）がもてはやされているものの、彼らがやっていることはといえば、一方で投機で大儲けするものがいるかと思えば、他方で投機に失敗するものが山をなすといった調子なのだ。

逆に、I・フィッシャーは消費者一般にタイム・プリフェレンス（時間選好）があるとした。つまり、未来が不確実であるとき、その分だけ、未来と現在の同一の所得についても、現在の方を選好するとし、そこからレイト・オヴ・インタレスト（利子率）が発生するとみなしたのである。そして市場の競争状態では、利子率と利潤率が均衡するとした。しかし、そんな調和は今の貨幣市場にみられない。企業も消費者も証券市場では投機家となって、鵜の目鷹の目で市場の不確かな噂話に反応して、一喜一憂している。

資本主義のクライシス（危機）が休みなく進むにつれ、それを隠蔽するかのようにして、様々なスティミュラス（刺激）がそれぞれ「ニュー」の形容を付されつつ、セキュリティに始まり、セールス、セックス、スクリーン、スポーツ、スキャンダル、サイエンスなどを経てスラップスティック（ドタバタ）に至るまで、止めどなく演じられている。一言でいえば、そうした新奇さを売り物にする「あまたのS」が現下の危機をよく表わしてくれているというほかあるまい。そしてそれらのSがいわば現代のmana（マナ）つまり「呪術的な力」となって猛威を振るっている。人間精神は、少なくとも技術・貨幣の方面にあっては、SMを楽しむ変態へと陥ったのか、と皮肉を飛ばしたくなりもするではないか。

第四節　イノヴェーションはどうして AUMの「A」だけを叫び立てるのか

ヒンドゥー教にあって真理への道を創造するのはブラフマー神であり、そこから出てくる様々な制度の維持を司るのはヴィシュヌ神であり、そしてそこから出てくる悪弊を破壊するのはシバ神の仕事である。それを逆に並べて各神の語尾の発音をマントラ（呪文）としたのがAUMだとされている。ところが現代の市場ではシュンペーターのいった情報のノイエ・コンビナツィオン（新結合）つまりイノヴェーション（革新）が、あたかもシバ神（A）の叫びであるかのように絶え間なく進行している。少し具体的にいうと「新製品・新工程・新資源・新販路・新経営」を求めるイノヴェーション（新しきものの中に入ること）ばかりが尊ばれているときている。

もしそうした革新がステディ（恒常的）、つまり一定のパターンに沿って進むのなら、未来を予測することも可能となる。しかし、荒ぶる神シバはきわめて不安定な変化を現代という時代に強いている。そのせいで、未来はたかだか想像されるにすぎないという意味でのクライシス（危機）が、ひっきりなしに襲来してくるのだ。クライシスにあっては、これまで通用してきたクライテリオン（規準）が役に立たなくなるのであるから、IT（情報技術）はほとんど無益な代物となる。それでもなお危機を乗り越えようとするのなら、HO（人間組織）が出動せざるをえない。ITは技術知を操作できるだけであり、それにたいしてHOつまりヒューマン・オーガニゼーションは人間の経験力や想像力や総合力を駆使して危機に立ち向かってくれると考えられるのである。

念のため付け加えておくと、こうなったについては消費者・勤労者がイノヴェーションなるものに諸手を挙げて賛同してきたという背景もある。消費者は利便性に最高の価値をおき勤労者は効率性に素直に順応してきたのだ。もっというと、有史以来、人類はイノヴェーションに無抵抗のままできたのである。その挙げ句に人類のほとんどが「新技術が新宗教となる」という文明の晩秋もしくは初冬の季節に入りつつある。そのようにみて大して誇張とは思われない。すでに述べたことだが、リヴォルーション(革命)は「古き英知をふたたび巡り来らせること」だということがすっかり忘却されてしまったのである。それを指して高度情報社会とか呼んでいるのであるから、人間というものの、少なくともその圧倒的な多数派の、暢気ぶりにはほとほと感心せざるをえない。いや、かくいう述者とてラッダイト(機械打ち壊し運動)の旗手にならんものと心ひそかに願望していたのだが、その望みはついに果たせず、たかだかイノヴェーションの流れの最後尾に付いて歩いてきただけにとどまる。

経済問題として留意せざるをえないのは、技術革新がいわゆるキャピタル・ユージング(資本使用的)であること、つまり巨大な資本設備がなければ、どんな技術開発も行われないというのが現状だということである。そのことを反映してのことであろう、USAでは企業収益の九五%が株主への配当に当てられているという。どんなに巨大な設備であっても、それを操作するのは研究者や勤労者であるというのに、この極端な分配の偏りは疑いもなく公正の基準に反している。つまり人間がITという名の技術の単なる部品の地位に貶められているのである。

これがいわゆる株主資本主義をもたらしている。株主のことをストック・ホルダーというのは間違いに近い。というのも、株式が公開されるようになってからは、企業というゴーイング・コンサーン(継続事業体)のストックつまり株(根幹部分)の持主が頻繁に変わってしまうということになったからである。あまつさえそれをステーク・ホルダー(賭け金管理者)と呼ぶことさえ少なくない。あっさりいうと継続事業体という植物めいた有機体の根や幹が「安く買って高く売ろう」という目論見によって揺るがされつづけているわけだ。しかも株主とやらたちは、その事業体の経営実態について無知も同然で、株式市場に現れてくる現在只今の収益数値や革新情報にのみ、果てはその噂話に、反応しているにすぎない。株価なるものは当該の事業体の長期的見通しを反映するものではなくなってしまったのだ。そうであればこそ株価はスペキュレーション(思索)にではなく、スペキュレーション(投機)によって動かされている始末である。

こうした不公正分配はかならずや国内購買力の低迷をもたらす。したがって金融資本は外国での投機や現地生産へと向かっていく。だがその資本輸出とて確かな根拠があって行われるわけではなく、たかだか「賃金が安かろう」といった程度のことにすぎない。で、生産効率がなかなか上がらないので、ギリシャやスペインの現状によく示されているように、地元企業が倒産したあと、輸出された資本はその地から速やかに逃避する破目に陥る。残るのは産業の荒廃地のみである。これを「焼き畑」ビジネスと呼ばずして何と呼ぶのか、見当もつかない。そしてその背後には、各国における労働組合の弱化や最低賃金法の軽視や被雇用者保護の無視という現実が随伴している。

こうした動きをチェックするには、移民・難民の問題は政治がらみのこととなのでとりあえず脇に置くとしても、為替管理の徹底や資本取引税の設置が必要となるはずだ。それにもかかわらず、グローバリズムという名の固定観念が世界を覆いつくしてきたため、また目前の資本収益のみに眼を奪われるせいで、「資本に国境はない」（マルクス）ということになってしまっている。

これを形容するにはポゼッシヴィズム、つまり物質・技術を「所有することに熱中する態度」、という表現がふさわしいであろう。ここで私有財産制が悪いといっているのではない。私有財産はたしかに個人の自由にとって必須の物質的条件ではある。しかし、その財産の無限定使用が称揚され、それゆえキャピタリストがキャップを被って社会のキャプテン（船長）となり、威を張って止めることがないというのはイデオロギーとしての資本「主義」である。述者はそのイデオロギー状況に少々異を唱えたいだけにとどまる。

後段で述べるように、経済の本来の在り方は国家経済でなければならない。ところが資本主義における財産私有への執着のせいで、国家のオートノミー（自律性）が甚だしく傷つけられてきた。具体的にいうと家族も地域も政府も市場中心主義のせいでズタズタに引き裂かれてきてすでに久しいといわざるをえない。その一例としてEU（ヨーロッパ連合）のことを取り上げてみると、各国家の政府には金融政策を施行する自由がないのである。それのみならず財政赤字にも規制がかけられているので、国債発行も国家の自由にはならないという始末になっている。それにもかかわらず各国の政府は各国民の投票によって構成されるという話になっているのだから、いったい誰のための政府かという不満が各国民に充満して何の不思議もない。

ヴェブレンに倣ってキャプテン・オヴ・ファイナンス（金融の総帥）とキャプテン・オヴ・インダストリー（産業の総帥）とを区別しておくのが重要と思われる。インダストリーとは「建設すること」あるいは「勤勉であること」なのであるから、産業の総帥は短期かつ長期の企業実体に責任を持たなければならない。それにたいし金融の総帥は株価の変動だけに関心があるにすぎない。しかもその変動ぶりは、直近のデータを未来に外挿しただけのことというのだから、その経営にたいする無責任ぶりは目に余るものとなる。

それだけではない。金融の総帥は政党や政府やマスコミ機関をも所有すべく様々な策謀を巡らせている。ここまでくれば経済の自由なるものは経済を放恣に任せるということ以外のなにものにもなりはしない。レッセ・フェール（為すに任せよ）が極致に至って、イノヴェーションがグローブ（地球）の全域に及ぼされようとした結果、世界はカオス（混沌）に包まれ、そして今そのカオスにたいして何らかの秩序を与えるべくブラフマー（M、「創造」）やヴィシュヌ（U、「維持」）の声があちらこちらで上がりはじめている。それら三神のせめぎ合いがこれからどうなるのか、私のような年寄には、当然のことながら、その経緯をみる余裕は与えられていない。

第五節　「戦後からの脱却」を唱えて「戦後の完成」をもたらした破壊者の群れ

我が国の現状について少々論評を加えておこう。戦後育ちの者たちが各界の指導層に姿を現したのが、この平成時代である。この時代の性格を端的に表わしてくれたのが、汚職スキャンダルで短命に終わったとはいえ、細川護熙《もりひろ》元首相の発言録ではなかろうか。この政治家は良家のポッと出であるためにかえって正直に、平成改革なるものの軽薄さを露骨に表わしてくれていた。つまり彼は自分を指して「破壊者、革命家」と呼んでみせたのであった。

いささか退屈だがこの間の国家破壊ぶりを振り返ってみる。第一に「政治改革」では小選挙区制がもてはやされた。むろん数十人規模の「選挙人会議」（中江兆民）が開かれ、そこで立候補者の人格批評や公約論議が丹念に行われ、そこで選ばれる代理人たちの集まりが、さらに議論を深めていって次の代理人を選ぶ、というような多段階の選挙方式ならば、小選挙区制にも言い分があろう。しかし実際には何万人もの選挙民が一堂に会して議論することなどできるわけがない。結局はその時々の人気が物を言い、一人区の小選挙では少数派は（たとえ二位でも）議員にはなれないのだから、人気において多数派を占めた政党がティラニー・オヴ・ザ・マジョリティ（多数者の専制）を敷くことになり、少数派の意見が議会に反映されなくなる。これは政治の改革は改革でも、改良ではなくて改悪である。

第二に財政改革というものがあった。赤字国債の累積を気にかけることとそれ自体は当然である。しかしその過半が建設公債でその公共的な建設物から将来世代も便益を受けるのであってみれば、そう簡単に「ツケを子孫に回す」ということにはならない。また国債のほとんどが日本人自身によって保有され（民間人にとっての資産となって）いるのであってみれば、その累積が日本を危殆に瀕させると考えるのは杞憂《きゆう》というものだ。そんなことを議論する前に現在および未来の日本人にとってどのようにインフラ（のみならず社会保障と租税制度）を充実させていくかが論議されなければならなかったのである。

第三に行政改革ということもいわれ、そこでは「小さな政府」が無条件に正しいとされた。議論されるべきはまずもって、この高度に工業化と都市化を果たしてしまった日本列島にあって、政府の適正規模は那辺にあるかについてでなければならなかったはずだ。それなのに、あろうことか、「行革はニュージーランドに学べ」などといわれたのである。しかも彼の国では国家公務員を半分に減らしても対人口比でいって日本のよりもまだ大きいというのが実情なのであった。まったくもって熱狂すると数字すらがみえなくなる、というのがマス（砂粒の集合としての群衆およびその代理人）というものらしい。

第四に郵政改革が天下の正義のように喧伝された。たしかに、郵便貯金を資金源とする財政投融資には無駄が目立ったのではあろう。またそれに付随して役人が様々な公団や公益法人を作って、そこに「天下り」もしていたのであろう。だが最も丹念に論議されるべきであったのは、それらのシンク・タンクを適正な公共活動をめぐっていかに利用するかということであったはずだ。そうであるにもかかわらず、「役所には倒産の危険がない」ということに嫉妬を覚える民間人が郵政バッシングに熱狂したのである。しかも、今伝え聞くところによれば郵政会社はすでに外国資本の手に落ちつつあるらしいではないか。

もう過去を振り返るのは止めよう。確認すべきことは二つにすぎない。一つにこの改革騒ぎにおいては一貫して「政府批判」が文句なしの社会正義と見立てられていたという点である。デモクラシーがかくも発達した今日では、「政府は国民のものである」といってさして過言ではない。自分たちで作った政府を自分たちで批判するのだから、「天に唾する」の比喩はまさにこの改革騒ぎにこそふさわしい。二つに構造改革とは何ぞやということであって、本来ならばストラクチャー（構造）という言葉は歴史的に形成されきたった物事の在り方のことを指すのである。つまり、時間と費用をかけて少しずつしか変えられないし、また変えてしまっては単なる破壊に終わってしまう、それが構造をめぐる変化というものなのである。

ここで思い出すのは、戦後のイタリアでいわれた「構改」（P・トリアッティ）のことだ。このイタリア共産党の率いた構改運動は、大変革としての革命は放棄して政府・与党の政策決定に参画しつつ国家の構造を漸次的に変えていこうとする姿勢である。それは一般に微温的な改良運動と呼んでよいのであろうが、平成改革にあっては、少なくとも言葉の上では、急進的大変革がよしとされた。実際にそれが実現されたかどうかということよりも、そのいわば革命主義が政官財さらにはマスコミ界の意識に広く浸透したということが問題なのである。その初めから失敗を予定されているイデオロギー（固定観念）のせいで、平成期の日本国家はおのれの屋台骨を自壊させてしまった。

急進的大変革が自民党や経団連や大マスコミといった体制がわからの主張であったことも忘れるべきではない。ついでに、その主張のための論拠がエコノミストをはじめとする専門人たちによって準備されていたことも覚えておいたほうがよい。そればかりか「連合」のような勤労者の団体すらもが「日本的経営はもう古い」ということで企業の組織体が破壊されるのをむしろ歓迎したのである。その結果がいわゆる不定期雇用の増大ということなのであるから、勤労者の連合体が勤労者の首を絞めたといってさしつかえあるまい。

いったいなぜ、こんな子供じみた改革騒ぎのせいで平成日本がアンファン・テリブル（恐るべき子供たち）というよりスポイルド・チルドレン（甘やかされたお坊ちゃん）の国家になってしまったのであろうか。巨視的にみると「冷戦の終結」という背景がある。つまり「自由民主」が唯一のイデオロギーとして残ったと考えられはじめたわけだ。言い換えると「多数派の主張する自由」が天下の大道を罷り通ることになったのである。そのことを最もよく表わすのはこの平成改革がディレギュレーション（規制廃止）の一語によってまとめられていたという事実であろう。規制がなければどんな自由も放埒へと至ること必定なのに、この列島では無規制の自由が言祝がれて止むことがなかった。それにたいし、述者はひたすらに反論を続けてみたものの、予想通りであったのでヤンヌルカナと思いはしなかったが、ともかく、効果は無に限りなく近かったのである。

それに加えて自由民主の本国たるアメリカが一九九〇年代、その情報力と金融力と軍事力を使って世界の一極支配に乗り出す気配が濃厚であった。アメリカのプロテクトレート（保護領）もしくはテリトリー（准州）つまり「投票権を持たない自治領」の地位に甘んじてきた戦後日本はアメリカナイゼーションを完成させることをもって構造改革だとみなしたのである。自民党の領袖たちは「戦後の総決算」とか「戦後体制からの脱却」とか安易にいってのけてきたが、そのための構造改革の本質は、逆に「戦後的なるものの完成」にほかならなかった。換言すると、彼らの拒否せんとした「戦後的なるもの」とは、単に、社会主義の流れを汲む（いわゆる市民運動によくみられるような）平等主義あるいはヒューマニズム（人間中心主義）の美辞麗句のことにすぎなかったのである。

そうであればこそ、グローバリズム（アメリカ主導の世界画一主義）がいとも易々とこの列島で受け入れられたのである。彼ら領袖の一人が「国家にこだわるのはもう古い」と演説していたのを、述者は忘れることができない。それはマーケッティズム（市場主義）あるいはコンペティティヴィズム（競争主義）に身を投じることにほかならない。その延長で「これからは中国だ、いや東南アジアだ」といった科白までもがやかましく吐かれたのであった。述者は忘れることができない、ＩＭＦ（国際通貨基金）が韓国やインドネシアへの資金供給を、「所定期間内での借金返済」というルールを固守せんとして絶ったために、東南アジアがたちどころに金融パニックに襲われる始末となったことを。——実はこの述者、そのパニックの数ヵ月前に東南アジアを旅行したあと『アジアは大火事で燃えている』という小論を書いたのだが、もちろん、何の反応も呼ばなかった——。

こうした経緯を振り返ると平成期の日本人にあって「討論の絶滅」が進行したのだといわざるをえない。歴史のもたらした平衡感覚としての伝統を今の状況にあっていかに具体化するか、そのためには討論がなければならない。それなのに、我が列島人はステレオタイプ（紋切り型）の標語を薄っぺらな自由民主辞典から取り出すだけのことで、実質的には「言葉なき騒動」だけをこの平成時代に刻印した。そしてこの標識こそが（オルテガがつとに喝破しているように）マスソサイアティが高度化されたことのまぎれもなき証拠なのである。

第六節 「外部の時間を見る」と「歴史の白夜」

自由競争の効率性などということが軽々しくいわれるが、それがどんな前提に立っての話か、世人は（エコノミストも）知っているのだろうか。消費者についていうと、消費の財・サービスの種類と品質がどんなものか、そしてそれらからどんなユーティリティ（効用）を得るか、そして生産者についていえば生産要素の種類と品質そしてそれらからいかにしてプロダクト（生産物）が得られるか、現在から未来にわたってすべて知っていると想定されているのだ。それのみならずあらゆる消費者と生産者が市場において単なるプライス・テーカー（価格の受取手）として振る舞う、つまり市場にはオークショニア（指値人）がいる、という単純な模型が経済「学」を支えている。

このいわゆる完全情報の想定は日々同じことが生起するという静穏な状態ならば頷ける前提ではある。しかし、皮肉なことに、何の変化も起こらないのが経済世界ならば、人々の行為は慣習となり、慣習が支配するところでは人々はことさらにおのれの意識を合理的にするいわれもないということになる。そして未来が不確実だというのなら、その不確実性をどう秤量するかという経済学にとってのアポリア（解き難い難問）が発生する。

日本語で未来への「期待」というと、何かしら良い状態が生まれることへの予想、といったくらいの意味である。しかし英語でのエクスペクテーション（期待）はもっと中立的な言葉であって、未来が良くなるか悪くなるか、それが不確実だということを指している。エクスペクテーションとは読んで字の如く、エクス（外部）をスペクトする（みる）ことを意味するが、その外部とは未来のことにほかならない。

この未来への期待について、最も単純な仮定はマイオピック（近視眼的）と呼ばれる種類のもので、それは「今日起こったことが明日以降も起こる」と期待しつづけることにほかならない。しかしそんなことは起こりえないのだから、たとえば企業は、自社株の価格下落のせいで銀行が貸出しを渋り、新株発行もままならぬ仕儀となり、長期的には収益を上げるはずの設備投資のための資金を調達するのに困難を来たす、といったような事態になる。——とりわけイノヴェーションによって未来の不確実性が高まる現代の市場にあっては、研究開発投資の少なくとも始発させる仕事を政府が担当し、その成果を民間に払い下げるといった傾向が強くなるのも当然の流れといってよい——。

期待にかんする二番めの想定はいわゆるアダプティヴ（適応的）というやり方である。これは現在にたいして過去に形成された期待が現在において生起した事態と食い違うならば、その差を漸次的に解消していくべく期待を変更していく、という仮定だ。——これを逆に（微分を積分して）読むと、過去のあらゆる出来事の加重平均として近未来への期待が形成され変更されていくとみなすことになる。しかしそのウエイト（加重）の数値はどこからやってくるのかは不明のままである——。

それればかりか、古くは産業革命期にみられたように、突然変異もしくは偶発的出来事というしかない形で経済にまつわる発明・発見が起こる。それをも期待できるのは超能力者をおいてほかにいない。さらに「過去の経験を参考にした上での未来への決断」にまつわる人間意識を深く考察するなら、つねになにほどかワンス・フォアア・オール（一回限り）の行為という性格を帯びているとわかる。少なくとも「人間のライフ（生）」のことを真摯にみつめるなら、この決断・冒険・不安・絶望といった心理的要因を無視するわけにはいかない。とくに人間は「死への予期」（M・ハイデッガー）をもって生きそして死んでいく。死に至るまでの生の行程がすべて期待できるというのなら、それこそ死に甲斐も生き甲斐もなくなるというものではないか。

それなのに、近年、三番めの期待仮説として未来の出来事をランダム・ディストゥリビューション（確率分布）として予測することができると考えられはじめた。確率的とはいえ、未来はすべてプレディクト（形式と数量を明示する形での予測）することができるとするのは、モデル（模型）というよりもむしろフェイク（贋話）といわざるをえない。期待にはそうしたものとしての予測のほかに、アンティシペーション（大まかな形と量としての「予想」）、さらにはイマジネーション（さらに大まかな展望としての「想像」）があるとしなければなるまい。もう少し厳密にいうと短期未来ならばかなりの程度に予測できるかもしれないが、中期未来は予想できるだけのことであり、長期未来となれば想像することしかできない、それが期待というものではないのか。もっというと、その予測・予想・想像のすべてが期待通りには実現されない、それが歴史というものだと思われる。

そうであればこそ未来に向けては「クライシス（危機）におけるディシジョン（決断）」が必要となる。クライシスの語源がギリシャ語でクリシス（決断）であることを忘れてはならないのだ。さらに話を広げると、現代日本ではクリティーク（批評）ということの意味すらおぼろげになっている。批評とはある概念が有効でありうるクリティカル・ライン（境界線）を見定めることだ。言い換えるとその範囲内におけるクライテリオン（規準）はその境界線の外ではもはや適応できなくなると知ることである。こうした批評の仕事に携わるものをクリティック（評論家）と呼ぶ。だが我が国では、述者のような評論家という職業は蛇蝎《だかつ》の次に位置するくらいにしか思われていない。それに不満を述べているのではなく、話を戻すと、未来への期待を合理的に形成することができるなどという想定は批評精神の不足からやってきたものだといいたいだけのことである。

述者はその関係の書物の一行も読んだことがないが、人工知能のことがもてはやされている。それをめぐる世間話で見過しにされているのは、AI（アーティフィシャル・インテリジェンス）のインテリジェンスとはそも何ものかという点ではないのか。インテリジェンスは、たとえば国家の機密情報を指すことからもわかるように、インフォメーションと同じく「形式と数量」の特定化が容易な知識のことであろう。そういうことについてならば、すべてを予測することができると考えられないわけでもない。しかし予想や想像についてまでは、スーパー・コンピュータが何をいかに計算しようともそんなプロスペクト(見込み)は外れるにきまっている。人間のナレッジ(知識)の全般にかんしては過去へのレトロスペクト(回顧)を参考にしてイントロスペクト(内省)しながら未来へ向けて何らかのイメージ(象徴像)を思い浮かべる、ということにとどまる。

極論となるのを恐れずにいうと、一九二〇〜三〇年代にケインズたちが直面したのは、未来像がほんのちょっとした出来事が切っ掛けとなって大きく変貌するという社会情勢、つまりカレイドスコープ(万華鏡)のようにすみやかに様相を変えていく世界なのであった。大恐慌と大戦争がそうした未来というものを人々に強く印象づけたのである。

今現在の世界でもふたたび恐慌と戦争の気配が強く漂っている。株式市場ではブル(雄牛、強気の者)とベア(熊、弱気の者)との類別がまだなされているのであろうが、しかし危機の時代にあっては人間の自由は強気と弱気というような単純な分類を乗り越えていく。おのれの弱気に嫌気がさして強気へと逆転していく者もいれば、逆に自分の強気に限界を感じ弱気へと落ちていく者もいる。その結果として証券市場に混乱が生じ、先にみたように、資金を調達するのに困難を来たすというような形で、実体経済も混迷に誘い込まれる。その見本がリーマン・ショック後の世界経済であったのだ。したがってその混沌のなかからD・トランプ氏のような乱暴者が大統領となって現れてくるというのも当然の成り行きとみざるをえない。

かかる危機の時代にあって、未来に何がみえてきているか。少なくともその上辺だけをみれば、インテリジェンス・インフォメーションに動かされてロボット・サイボーグよろしくロングラン・スタグネーション（長期停滞）の経済のなかで彷徨う人々の群れである。いやそれら労働機械や情報被制御体とて、所得格差の拡大や政治不安の深刻化や国際的な紛争や戦争に取り囲まれている人間なのであってみれば、彼らは時代のブーム（膨満）とバースト（破裂）の波間のなかで不安神経症者よろしく疲労と不眠に悩まされているのではないか。

時代はとうに歴史の深夜に入っているのにＩＴとやらのせいで白夜めいた気味の悪い薄明かりが絶えることがない。だから、今の世界にふさわしいのは、「白夜をスマホを手にしつつぶらつくマス（大量人）たちにあって、強気と弱気が互いに相殺されて、虚無の気分が広がっていく」、もしくは「メランコリック・ヒステリーとでも呼ぶべき矛盾した心理状態が深まっている」、との形容なのだと思われる。

第七節　国家の国家による国家のための経済

その語をこの世に定着させたのはアリストテレスであったと述べるのを忘れていたが、ともかく、オイコス・ノモスつまりエコノミーの本義は――古代ギリシャの奴隷を使っている家ではあったものの――「家政の秩序」ということである。またネーション・ステートが日本語では「国の府」つまり国家と訳されるべきことについても指摘した。そのことをちらとも確認しないものだから「市場の声を聞け」とか「市場のことは市場に任せよ」などと平然といわれてきたのである。そんなふうな言種は「自由放任の（貨幣なき）物々交換」で技術の世界が成り立っている場合にのみ通用する。

市場が成立するにはインフラ（およびスープラ）ストラクチャーのための財政支出、市場における交換媒体たる貨幣の供給、国内外の市場取引にたいする課税、教育制度や文化制度の整備、そして何よりもそれらにかんする法制とそれに違反する者たちにたいする制裁を加えること。それを担うのが政府なのである。それに加えて、経済統計を作り上げることによって、市場の現状を評価し市場に未来展望を与えるのも、いわばスープラストラクチャー（上部構造）にかかわるものとしての政府の仕事である。

ケインズは「経済学をやる者は多少ともナショナリストであるほかない」といった。この言に少し限定を加えれば、ケインズのように政策論議をなすエコノミストはその政策選択のためには価値規準を確認することが必要となり、その規準にかんしてはいかなるエコ

ジョン・メイナード・ケインズ
（1883-1946）

ノミストも「国家の国家による国家のための」政策を第一義とするほかないのである。現代の政治は民主制だから「国民とその政府」としての国家を重んじなければならない、というにはとどまらない。君主制であれ貴族制であれ、それら統治者の地位を安泰にするには、民人《たみびと》の生活に重大な関心をはらわざるをえないという意味で、経済は常に国家とかかわる。

ネーション（国民）は、ナツィオが「誕生」の意であるからして、父祖の地におおよそ定住するのを特徴とする。この国民の定住性ということから、国家の根底にはゲマインシャフト（日常性を共有する者たちの共同体）がなければならないということになる。そして国民が自分らの政府（統治機構）に何ほどかの信頼を寄せるのは国民による日常性の共有ということがあったればこそなのである。この半世紀以上、主として「移民の大陸」アメリカにおいて、ホモ・モーバイル（移動するものとしての人間）のことがいわれてきた。たしかに文明のモータライゼーション（自動車化）が現代の趨勢ではあるものの、その先にあるのは、我が国を例にとると、「東京への一極集中」であり、「東京漂流民の増大」ということにすぎない。

その事態への反動として、もう忘れた者も多いであろうが、構造改革運動の中で地方分権が声高に主張された。しかし、当該の地方をさらに分権化すれば結局のところ意思決定主体は個人にまで還元される。諸個人の自由放任は地方を無秩序にし、国家を解体させていくであろうことについては論じるまでもない。それまでの中央から地方への交付金や補助金が的確であったといいたいのではない。国家が国家としての形態を保つには中央集権と地方分権とのあいだにバランスをとらなければならないといいたいのだ。このバランスを失したために、端的な例としてはいわゆるトランプ現象にみられるように、先進各国にナショナリズム再興の政治運動が出来《しゅったい》しているとみざるをえない。

国家の根底をなす共同体性は国家の「歴史性」ということにほかならず、それを少し具体的にいえば、国家の形態を支えるのは集団性や組織性だということになる。ここでグループ（集団）というのは、命令‐服従の体系は定かではないものの、おのれらの行動の目的や手段についての感情を共有している人々の集まりのことを指す。そして組織とは、指揮命令系統が明確であり、それが役割体系として明示されている集団のことを指す。いずれにせよ家族や企業をはじめとする様々な集団・組織が相互連関を何ほどか確かなものにしえてはじめて、まずローカル・エリア（地方）がリージョン（地域）としての自律性を保つことができ、次にインターリージョナル（域際関係）の束としての国家が健全たりうるのである。むろん、述者とて、集団・組織なるものの実際が狭量にして偏頗《へんぱ》な集団心理に満ちていることが多いと知っている。しかし同時に、述者のようなハイマートロス（故郷喪失者）たちにおける心理の不安定に少し思いを致せば、人間理解も深まるであろうといいたいだけのことなのだ。

この集団・組織という点に着目すると、経済を動かす変数の中心にフィクスト・ファクター（固定要因）があるとみてさしつかえない。結論を先にいうと、最も固定的なのは、「トイルズ・アンド・ティアーズ」（苦と涙）に明け暮れるレイバラー（労働者）ではなく、計算と交渉に多忙なワーカー（勤労者）における集団・組織なのだと思われる。ワーカーたちは、たとえ社長や重役でなくても、当該企業の長期的な施策に多少とも関係する。そうであればこそ、レイバラーの不定期雇用が増大しつつあるといっても、ワーカーたちにあっては暗黙にせよ長期雇用とあらかじめ想定されている。少なくともその企業に危機が訪れないかぎり、勤労者はその長期雇用から生まれてくる経験知や創造力をもって企業経営に小さからざる貢献をしている。その証拠に求人・求職というのは勤労者の数を時間をかけていかに増減させるかということであって、勤労者の総数にかんする需要と供給が勤労者市場に現れてくるわけではない。これを指して先にＨＯ（人間組織）と呼んだわけだ。

この点を無視して、ケインズは設備投資の時間的増分（投資率）を未来に向けての企業家のアニマル・スピリット（野心的精神）という経済にとって外生的な要因によるとした。それはよいとしても、ワーカーもまた短期的には固定要素であることが多いという事実を軽視したのであった。そのかわりに「貨幣賃金の下方硬直性」といういささかならず説明不足の仮定を持ち込むことによって失業の発生を説き明かそうとした。述者のいいたいのは、賃金の硬直性とワーカーの固定性のあいだには深い関連があるのではないか、ということである。

ＨＯがとりわけ重要となるのは、企業の危機統治においてであろう。危機管理などという言葉が通用しているが、これは形容矛盾も甚だしい。クライシス（危機）とはマネジメント（管理）することの難しい状態を指すにきまっている。なぜといって、マネジメントとは合理的な処方箋で物事を解決せんとする方式のことだからである。危機はルーリング（統治）することができるにとどまる。ここで統治というのは、「形式と数量」などは合理的には提示できないもの、経験を活かし創造力を奮い起こして、成功と失敗を重ねつつ、混沌たる状況としての危機をくぐり抜けていく実際的なやり方のことを指す。コーポレート・ガヴァナンス（企業制御）などと称して、ゲームの理論を用いつつ、経営者と勤労者の交渉を合理的に解明しようなどというのは、「危機における企業統治」には大して役立ちはしないのだ。

家族のことに目を転じれば、いわゆる核家族化が進み、ファミリーではなくハウスホールド（家計）のことだけが取り沙汰されている。しかし、離婚率の増大や独身者数の上昇のことや出生率の低下のことなどが懸念されているところをみると、「家族の観念」はまだ消滅し切っていない、といってよいのではないか。またそうでなければ消費財を購入するのは生の活力の単なるコンサンプション（消耗）のためだとなってしまう。

消費財には（物理的特性だけではなく）イメージ特性というものがある。つまり、その消費が共同体の慣習に合っているかどうか、当人の属する社会階級にふさわしいかどうか、あるいは現在の流行に乗っているかどうか、といったようなイメージが消費財にはつきまとうのである。そしてこのイメージ特性は多かれ少なかれ社会的に共有されるものであり、それが国家の土台形成にも貢献する場合には公共性を持つということになる。

ここでどうして雇用の固定制や消費の公共性について論及してみたのか。それはどんな集団・組織にあっても権力や位階といった政治的要素、慣習や役割といった社会的要素、そして価値や象徴といった文化的要素がつきまとうからである。市場の均衡状態を効率的と呼んで礼賛するのは、そうした権力・慣習・価値の状態を正当化する弁護論にとどまってしまう。ヴェブレンが始めた制度学派はそうした非物質的な諸要素に（批判的に）注目してのことであったし、またF・リストが始めた歴史学派も国民の歴史に根差す経済の活力に（肯定的に）着目してのことであった。

「小さな政府」をリストたちがナイトウオッチング・ステート（夜警政府）と呼んだのは、実は自由競争のみを持ち上げる（当時の自由主義的な）英国流にたいする皮肉としてであった。政府は国民の活力をまとめあげ方向づけるという意味において国民に進むべき方向を指示するのであり、またその進路が確かなものになるために、様々なインフラ（下部）およびスープラ（上部）の公共活動を展開するのを任務とする。その任務を軽んじてきたスモール・ガヴァメント論は社会主義の（巨大すぎる）政府にたいする単なるアンチテーゼ（反措定）もしくはリアクション（反動）にすぎなかったのである。

第八節　「皮膚としての国家」にはスキンケアとしての保護が欠かせない

オルテガの小論に『皮膚としての国家』というのがある。原文に当たっていないので、その国家というのが国民のことなのか政府のことなのか、それとも「政府とその国民」のことなのか定かではないものの、たぶん政府のことだと察しられる。というのも彼は「社会的なるものが肥大化して、それが政府の巨大化につながる」ことを強く懸念していたからである。つまり政府を身体を覆う皮膚のようなものにとどめよ、というのが彼の趣旨であったはずだ。とはいえ、政府は国民間の葛藤とその調整を担うのであるから、オルテガの政府論から国民のことが排除されているわけもない。

皮膚がボディ（身体）をまとめあげつつ、他の身体と自らを明瞭に区別する働きをするのはいうまでもない。だが彼が強調したのは、そのこと以上に、一つに皮膚が体の動きに応じて相当に伸縮自在に動くということであり、二つに皮膚を通じて外界とのあいだで新陳代謝が、つまり外界新鮮物の摂取と内界汚染物の排泄とが行われているということについてであったのだ。

ついでに確認しておくと西欧では、たとえばポリティカル・ボディ（政治体）といったように、社会を構成する様々な要素の集まりが身体になぞらえられることが多い。それは一つに身体ということによって社会の有機体的な性格を表わすためであり、二つに自分らの社会が外国人たちの社会と（ボディがなべてそうであるように）明確な境界によって隔てられているということを確認せんがためだと思われる。

ラテン系では、特にイタリアではファッチャータという言葉がよく使われる。それは正面像のことであって、要するに国家や政府の体面（もしくは面子）をしっかりと整えるということを指す。なぜこんなことをいうかというとプロテクション（保護）ということの原義は、プロ（前面）をテゲーレ（保護）することにほかならないからである。国防にせよ関税にせよ外国人の出入国管理にせよ、すべて国家の前面を守るための施策にほかならない。そのことを個人についていえば「歯痛は私一人が痛い」という比喩に表わされているように、インディヴィデュアリティ（個人性というよりも個体性）は、国家という個体についても守るほかない限界なのである。その意味でいわばスキンケアとしての国家保護、それ自体は国家にとってつねに重要きわまりない仕事だといってよい。

大騒ぎのはてに雲散霧消してしまったTPP（環太平洋経済連携協定）という問題があった。述者の忘れられないのは何人かの経済閣僚が「コンパラティヴ・アドヴァンテジつまり〝比較優位〟の見地からしてTPPを遂行しなければならない」と公に発言していたという事実である。何という錯乱せる発言であったことか。この際、面倒至極と知りつつもこの馬鹿げた発言を始末しておかなければなるまい。

その比較優位説は次のような一九三〇年頃までの国際経済のことを指しているにすぎない。比較的に資本（労働）が豊富な国家は相手の労働（あるいは資本）を比較的に多く使用する国と自由貿易をすることによって、互いに利益を享受しうる。というのも資本（あるいは労働）を比較的に多く使用する産業に傾けば、相手もまた労働（あるいは資本）を多く使用する産業に傾いて、互いに自由貿易を推し進めるわけであって、そうなれば当然のことながら双方が利益を享受しうるという次第となる。もちろんそこで輸出（あるいは輸入）の超過という事態が生じる。しかしそれは、正貨（つまり金《きん》）の保有量が増大（あるいは減少）するということになるので、それに応じて当該国の貨幣供給が増大（あるいは減少）し、その結果としてインフレ（あるいはデフレ）が生じる。つまり金本位制下での変動為替にあっては、それは輸出減（あるいは輸入減）となって、貿易均衡へと近づく。そういうオメデタイ話が比較優位説にほかならない。

こんな話が政界のみならずマスコミ界にもいつの間にか受け入れられていて、述者があるテレビ番組でＴＰＰに反対してみせたら、その番組のキャスターから「あなたは鎖国主義者なんですか」と反問されたことがある。ともかく非兌換紙幣の自由発行が許されているのみならず、資本がグローバルに移動し、さらには労働までもが移民・難民の形で国際間を移動している今日では、比較優位説などが通用するわけもない。――もちろん、資本・労働の国際間移動があっても「ウィン・ウィン」の関係をもたらす経済模型を作ることはできるであろう。しかし模型はあくまで机上の計算であって、実際に広く出現しているのは（ギリシャなどにみられるような）地場産業の倒壊とそれに続く（輸入資本の）海外逃避なのである。

その簡明な真実をエコノミスト連が強調しておかないものだから、政界やマスコミ界のお喋り屋がこうした見当はずれの似非学説でＴＰＰに何の疑問も抱かなかったということになったのであろう。エコノミスト、それは世界市場における自由主義つまり「国家保護を撤廃して国家を実質的に解体させるのをよしとする」御伽話というより拵え話の語り部のことだと皮肉を飛ばしたくなるではないか。

関税撤廃に反対すると、すぐさま保護主義のレッテルを貼られる。しかし、関税のことを例にしていうと、保護主義とは、既述したように、「あらゆる貿易品に輸出入を不可能にするような水準での高率の関税を課すということ、つまりプロヒビティヴ（禁止的）な関税さらには資本取引税などを設定する」ことであり、その別名が鎖国主義なのである。

タリフ（関税）の原義は「知らせること」にほかならない。つまり国家にとって適切と思われる関税率を保ちつづけること、あるいは時間をかけて漸次的に変更すると国際社会に知らせるのは保護主義なんかではありはしない。それはむしろ自国における経済秩序の在り方を前もって諸外国に知らせることである。――だからこそカスタムズ（慣習）は「関税」を意味することになりもする――。日本の農産物の輸入関税が八〇〇％だなどということをことさらに論《あげつら》う者が多いが、特定の商品に限定されるならば、禁止的関税を付すこともまた許されるとみてよいのだ。――ついでまでにプロヒビットは原義としては（国家の）「前面を保つ」ということを意味する――。すでに言及したように「国際」とは

「それぞれに自律性を有した諸国家のあいだの関係」ということ以上のものであってはならないのである。

今、国際社会の大きな政治問題と化しているのは、移民・難民の増大である。これを阻止せんとするのは「皮膚としての国家」にとって当然の対策と思われる。だが、しかし、この問題をめぐる「残酷な歴史」のことも同時に思い起こされるべきであろう。たとえばユダヤ人は二千五百年を超えて「ディアスポラ(民族離散)」の憂き目に遭わされ、しかもローマ帝国にあっては、職業を(当時賤業とみなされていた)金貸業に従事することだけを許されていた。またたとえばロシアにあってはこれまた千年以上におよんでユダヤ人へのポグロム(虐殺)が周期的に生じていたのである。それと似たような事態が、今、アフガニスタンやイラクやシリアにおいて(アメリカの軍事的侵略のせいで)生じている。

ところが我が日本は、小泉元首相に始まって、たとえば「大量破壊兵器を持っていないことを証明するのはフセイン元大統領の責任であった」といいつづけて憚らないのである。「物事がないことを証明する」のは、「悪魔の証明」といわれていて不可能であるにもかかわらず、こうしたたわけた政治的発言がこの列島では罷り通っている。それをみただけでも現代の日本人が移民・難民の問題を正面から受け止めていないことは明らかといってよい。つまり国家の自律性には他国民の惨状にたいしては、「弱い信頼」を保持するためにも、一定の援助ということも含まれるということだ。

戦時期にあって高田保馬《たかたやすま》という社会経済学者が「勢力圏」のことをいった。ここで勢力圏というのは経済もまた政治、軍事の勢力圏と切り離し難く結びついているということを指す。ほんのちょっとした瑣事《さじ》を例にとると、ロシア・サハリンの開発が（エリツィン大統領の時期に）問題となったとき、アメリカ政府はまず「ABC」なるものをユジノサハリンスクに置いた。ここでABCというのは「アメリカン・ビジネス・センター」のことである。つまり政府が率先してロシアとの経済交渉にあって、言葉をはじめとする慣習の制度がどうなっているかを調べ、それをアメリカ企業に知らせようというのがABCの仕事なのであった。言い換えると、他国との経済関係にあっては政治が主導力を発揮するのが普通だということである。

よく株主資本主義といわれるが、それに伴う不公正分配のせいで国内外購買力が思うように増えず、そのせいで企業は外国へ資本を投下しようとする。しかしそれには必ず外国とのディスピュート（武力衝突に至る寸前の深刻な外交上の口喧嘩）が生じる。それを処理するのはポリティカル・ボディとしての国家の仕事となり、それが上手くいかない場合（アメリカのような野蛮を厭わぬ国家は）武力に訴えるのも辞さないのである。

世界株式市場の現在を見渡すと、厖大に膨れ上がった金融資本が、投機動機に駆られて、株価に本来の在り方たる「企業の長期にわたる収益の（利子率で割り引かれた）総和」という規準値を離れて――また未来があまりに不確実なのでそんな規準値を気にすることすら忘れて――短期収益の動向にのみ反応して乱高下している。やがて、イノヴェーションの波が引きつつあるという長期的な動向が剝き出しになるとき、金融パニックのあとに続くのは何か。軍需産業への期待つまり戦争への国民的熱狂ではないのか。しかも米中両大国の前には「北朝鮮処分」という恰好の餌がぶら下がっているのである。

国際社会の意思決定主体は、つねに国家である。そして国際社会には国家間における「強い猜疑心と弱い信頼」があるのが普通である。現代の日本人はいともやすやすとアメリカとのアライアンス（同盟）のことを口にする。しかしアライアンスとはア・ライン（一線）に並ぶこと以外の何ものでもありはしない。少なくとも軍事的にいってアメリカの保護領めいた存在になって久しい我が日本がアメリカとの「一〇〇％の同盟」などをいうのは、烏滸の沙汰といわざるをえない。その逆に国連などという死に体に近い機関を軽信して国際貢献を第一義とするのは偽善かつ欺瞞の外交にすぎない。外交・軍事においてみずからを意思決定の最終主体とするのが、国家主権ということである。国家主権を放棄して七十年も経た我が国が、軍事同盟のことを軽々に口にするのは、もしアメリカの属国状態から少しでも脱したいのなら、これもたわけた発言といわざるをえない。いずれにせよ、

「世界恐慌に続く世界戦争」という前世紀の世界像が各国家の内閣や議会の壁にまだしっかりと飾られているのである。

第九節　是非の定かならぬ経済の「成長か安定か」

少し勝手気儘に喋りたくなった。

私の友人である佐伯啓思氏と藤井聡氏のあいだで経済成長をめぐって論争の起こる気配が少しある。前者は「経済成長主義」によって文化の衰弱がもたらされるとみているのにたいし、後者はその反成長主義が日本国家に多大の混乱をもたらす懸念ありとみなしているからだ。むろん両者には共通点があって、それは成長主義に伴うマテリアリズムやマモニズムやテクノロジズムそのものには大いに懐疑的だということになろうか。両者の差異点といえば「状況の中での政策実践」としての成長政策に消極的か積極的かといった程度の話ではある。これにたいし述者は、率直にいって、明確な判断を下すことができない。というのも、成長主義への批判がどちらかといえば日本国家の伝統を重んじるという意味で、過去志向であるのにたいし、後者の状況論は未来への決断を伴う選択を重んじているという点で未来志向だからである。つまり、過去と未来とが直線的には繋がらないという思いから述者は離れられないわけだ。それをあえて繋げるための「実存的な実践の具体的な有り様を語る一般論」などはありえない、ということである。

伝統とは理想と現実のあいだのバランス感覚を国民が無自覚にせよ共有しているということにかかわっている。そういう感覚が、歴史の流れの中で形成され来たった慣習体系のなかに、包蔵されているはずである。だが、それを具体的に表現するには、現在のシチュエーション（状況）がどのようなものであるかを、明らかにしなければならない。あえて具体的にいえば慣習への回帰に傾きすぎると、成長主義への懐疑が膨らむのと同時に、失業の増大やインフラの欠乏のゆえに、国民に塗炭の苦しみを与えるかもしれない。逆に状況に適応することに専念してばかりいると、国民精神の心棒が失われる可能性が大となり、それは長期路線をあらぬ方向へと向かわせ、国家の命取りとなる。

述者は折衷・中道を進めといいたいのではない。エクレクティシズム（折衷主義）とは「伝統の思いを弱めにし、成長への努力をほどほどにする」ことによって成長主義と反成長主義のあいだの緊張を小さくしようとするやり方だ。それは卑怯かつ臆病な国策にすぎず、国家をあってもなくてもよいものにしてしまう。

バランス（平衡）とは、矛盾せる両方向への姿勢をそれぞれ最高度に保ちつつ、その間に生じる緊張を巧みに乗り越えていくということにほかならない。ここで「巧み」というのは両者を総合する言葉と行為を新たに作り出していくという意味で、過去への想像力と未来への創造力とを結びつけようとする努力のことを指す。

冗談とも聞こえようが、例をマルクスにとると、彼は「一日は二十四時間である」と確認している。つまり、睡眠や通勤や食事の時間などを除いて、十二時間くらい残ったとしてみよう。その十二時間を「勤労と社交」にいかに振り分けるかが問題となる。換言すると「金銭・技術への順応」と「会話・文化の実演」のあいだの切り替えをいかにやるかという選択問題が重要となる――述者のささやかな体験にもとづいていうと、イタリア人はその切り替えがまことに上手である。それにたいしてジャパニーズはその切り替えが下手で、喫茶店でも酒場でも仕事の延長話しかしないといった調子だ――。

重要な課題はドラマトゥルギー（演劇的精神）としての「生」を貫きうるかどうかということなのである。述者は何人かのヨーロッパ人から次のような科白を聞いたことがある。「イタリア人はめちゃくちゃな野郎たちだが、彼らがいなくなるとヨーロッパが寂しくなる」。だが世界からの日本への評価は「日本人がいなくなっても世界は少しも寂しくない」といったことではないかと察しられてならない。戦前までは、駐日フランス大使P・クローデルのように、日本を「世界の真珠」とみる識者が何人もいたにもかかわらず、戦後は、そのアメリカナイゼーションのせいで、日本がジャパンになってしまったのだ。

経済成長と矛盾をきたすことの少なくないソーシャル・セキュリティ（社会保障）のことを取り上げてみよう。「弱者への救済」というヒューマニズムを振りかざして、平等な社会を実現しようとすると、まず間違いなく生産設備や研究開発への資金が乏しくなり、経済成長が鈍化するであろう。逆に社会保障を軽んじていると、社会不安が広まり、それは家族や企業や地域をも不安定にし、結果として経済成長を続けるのが困難になる可能性が高い。おそらく「経済成長と社会安定」のあいだに均衡が可能だとしても、それは（数学の用語でいうと）いわゆるサドゥル・ポイント・ソリューションつまり「鞍点解《あんてんかい》」の径路のようなのだ。その径路から少しでも離れると経済成長は続くものの社会はますます不安定になったり、社会安定は保たれるものの経済成長が滞って国民は貧窮に沈むということになったりしかねない。要するに馬の鞍の上から少しでも左右にズレてしまうと落馬することと必至だということである。この鞍点解の上に乗り続けるためには、政治や文化の巧みな手綱さばきが必要なのであって、それは既にして経済問題の範疇を超えた話となる。世界恐慌や世界戦争の危機が見込まれればこそ、この種の政治や文化にかんする能力を国民は身につける必要があるのだ。

またささやかな体験の披露で恐縮だが、述者は（サダム・フセインが副首相であった一九七〇年代前半の）バグダッドに一週間ばかりいたことがある。そこでのギルガメシュ・ホテルで

（外国人向けの宿でだけ許されている）ビールを飲んでいたら、向こうのテーブルで（ヨーロッパでは不粋と名高い）ドイツ人のビジネスマンたちがさっさと仕事話は切り上げて、シェークスピアのドラマがどうのロッシーニのオペラがどうのといった話に切り替えている。ところがもう一つのテーブルでは日本のビジネスマンたちがいつまでも商品パンフレットを広げながら値段がどうの性能がどうのといった仕事話をしつづけている。はっきりいって言語的動物として前者が上等であり、後者が下等であるとの感を述者は拭うことができなかった。

よくいわれるのは「西洋のパーティでは政治や宗教の話は禁句だ」との外国生活にかんする指南である。それはほとんど嘘なのだ。最も面白いのは宗教や政治にかんする話なのだが、巧みに話さないと、それはすぐ喧嘩へと発展するということにすぎない。大事なのは、宗教・政治を巧みに語ってみせる知恵と話法なのだといってさしつかえない。

若き友人の柴山桂太君から聞いた話だが、日本に留学している外国人女性たちが「日本の男たちは面白くない。話が面白くないのだ。宗教についても政治についても日本の男たちは沈黙を続けるばかりである」といったそうだ。そのことに関連して、いわゆる英語公用化のことについて触れておくと、述者は公用化する必要はないと思うものの、外国人との共通語は英語しかないというのなら、英語でもって「諧謔《かいぎゃく》に満ちた会話」くらいはできなければ世界に乗り出す資格がない。

ここでユーモアというのは、単なる（高みに立った）ウィットつまり機知のことではない。精神の高みに立ちたいと願うものの、それが叶わぬと自覚することに発する、ペーソス（悲哀）の感情を多少とも込めた会話法、それがユーモアということなのである。それを哲学用語で置き換えると「実存と実践」のあいだの緊張を乗り越えていくということにほかならない。つまり、生における内奥の心理と状況のなかでの決断を結びつける振る舞いをやってのけるという大人のやり方のことだ。これまでの叙述でマスと呼んできたのは、そうした諧謔精神を持たぬ人々のことだといってもさしつかえない。もっと言うと、伝統の精神なるものの一部には、こうした諧謔の精神もまた含まれているのである。

話を戻して経済成長のことについていうと、成長の数字はおおむね市場取引の結果にかんする統計にすぎない。その統計には時代にかんする諧謔やおのれらの死生にかんする表現術の質量や多寡はいささかも含まれていない。いうまでもないことだが、そうした日本国民の感情に定着してしまった統計の重視という態度をめぐっては、漱石に倣っていうと、「智に働けば角が立つ。情に棹させば流される」ということになりかねない。そうと知りつつも、たとえば社会保障についていうと、それは「弱者保護のヒューマニズム」にあまり強く執着してはならないのではないか。弱者が増え続けると、強者と弱者の関係が不安定になり、結局のところ、強者の立場もまた不安定になってしまう、ということこそが強調されなければならない。つまり社会「からの」保護ではなく社会「への」保護のために弱者への一定の補助が必要になる。そうしないと「とかくに人の世は住みにくい」（漱石）ということになってしまう。要するにソーシャル・スタビリティ（社会的安定性）が先決だ、とくに危機の時代にあってはそうだ、ということである。

強者の弱者にたいするベネヴォレンス（慈善心）などは、事情が変わればたちどころに消えてしまい、互いにエミュレート（競合）することになるに違いない。課税原則は個人主義的な応益説つまり「受益に応じた納税」ではなく、集団主義にもとづくものとしての能力説でなければならない。つまり支払能力のある者が累進税率にもとづいて多めに払うことによって社会全体が安定化させられ、その社会安定のお陰で強者も弱者もともに利益を得ると考えなければならない。ほかの言い方をすると、所得の多寡は、まずもって、その人の（国家への帰属度にかんする）集団人格の強弱の代理変数だということである。人間の個人人格だけを重んじるとしたら、ヘッド・タックス（人頭税）つまり富裕か貧乏かにかかわらずすべての人が同額の税金を払うというのが正しい、しかもそれは「人は生まれながらにして平等」という公認の（嘘っぱちの）価値に適ってすらいる、ということになってしまう。

いうまでもないことだが、すべての人にとって住み心地のよい社会などがやってくるはずもない。しかし、そういう社会がやってきうる(かのように)と考えるのでなければ、社会保障の根拠それ自体が危なくなってしまう。「かのように」の哲学はH・ファイヒンガーによって唱えられたものだが、そのアルス・オプ・フィロゾフィを受け入れたことにした上で、社会保障を少しずつ充実させていくならば、それと経済成長が衝突するということにはならないはずだ。必要なのは「人間は急峻な山脈の尾根を、伝統という名の装備を手にして、歩く」存在である、という人間論・社会論なのである、そのことを経済成長政策と社会保障政策とのあいだのバランスとして正面から論じざるをえない時期、それが今なのではないか。そのことを軽んじていると、社会は戦争へのエンスージアズム(熱狂)へと誘い込まれる。この「熱狂を抑えることにおける熱狂」こそが保守的心性の真骨頂なのである。

第十節　資本主義への抵抗線を示す「インディケーション」

J・ミードという英国労働党右派に属する(といわれていた)経済学者がいて、彼がどれかの本でインディカティヴ・プランニングという言葉を遣っている。ただし、その場合のインディケーション（指示）の含意は、自分らの示す経済計画がソ連の社会主義におけるようなインペラティヴ（命令的）なものでもビューロクラティック（官僚的）なものでもない、といういわば弁明に力点がおかれていた。ミードの見解はともかくとして、述者はこのインディケーションという言葉のことがずっと気になっていた。

というのもインディケーションは、インデックス（指標）という名詞があることからも察しられるように、何らか明確な指示を与えることだとひとまず思われる。だが、それには「暗示」とか「示唆」という意味もあることからもわかるように「概略的かつ暫定的な標識」を表わすにすぎない。だからインディケーションとは「国家の進むべき方向とその内容の概略を暫定的に提示すること」というくらいに解釈しておくのが妥当と考えられる。述者はそのことを受けながら、我が国で構造改革やらマニフェスト政治とやらが喧伝されていたあいだ、「大まかな国家指標」としてのＰＡＰ（パブリック・アクション・プログラム）、その必要をあちこちで唱えていたものだが、何の反応も得られなかった。

ここでプログラムという言葉にも一言の解説が必要であろう。日本人はプログラムというと相当に具体的なスケジュールのことを考えてしまう。だが、政党のプログラム（綱領）というような場合にそうした具体性には欠けていて当然とされている。政党の長期の大目標といったようなものが、この場合のプログラムなのである。いずれにせよ資本主義といい競争主義といい、「プログラムのインディケーション」がなければ暴走したり舞い上がったり沈没したりすること請け合いといわざるをえない。つまり、インディカティヴ・プログラムを政府が提示しなければならないという意味でのステーティズム（政府主導主義）が自由経済には不可欠なのである。

とはいえ、ネーション（国民）の支持がなければどんなステーティズムも失敗に終わる。つまりステーティズムの前にナショナリズムがなければならないということだ。ここでナショナリズムは、すでに述べたことだが、国家の外面の国際関係とその内面の域際（および人際）関係を重視することをも含む。要するに国家としてのまとまりを対外的にも対内的にも明確にするのがここでのナショナリズムということにすぎない。ヨーロッパ合衆国の夢が儚く消えようとし、さらにはグローバリズム（世界画一主義）の悪夢から醒めようとしている今、このナショナル・ステーティズム以外に経済にたいして指示も示唆も暗示も与えられないとみるべきではなかろうか。

歴史を一、二世紀ばかり振り返っていうと、モスクワのコミンテルン（国際共産主義運動本部）のインターナショナリズムは、世界を共産主義で染め上げようとしていたのであるから、国際主義とは縁もゆかりもなかったのだ。また人工国家アメリカのいってきた近代主義は、アメリカ製のモデルをモードとして世界にバラまくことであったのだから、しかもそれに逆らう外国はミリタリズム（軍国主義）で圧し潰そうとしてきたのであるから、これもまた国際主義と似て非なるものである。真の国際主義はそれぞれの国家が自律性を保った上で互いの関係を調整していくということでなければならない。そしてその自律性を確保するには、国内のリージョン（地域）のあいだ、そしてパーソン（個人）のあいだそれぞれの関係をこれまた整備しておかなければならないのである。そうした前提に立って、ナショナル・ステーティズムによって未来へ向けて一歩ずつ前進していく、それ以外に国家経済を論じることなど不可能とそろそろわきまえなければならない。

よくナショナル・ディフェンス（国防）のことが口にされるが、ディフェンスは、本来、「禁止」という意味の言葉である。国内の混乱および国際の紛争などを禁止するための法律的な整備とその実行を可能にする警察力や軍事力の強化、それが国防ということにほかならない。それは、とりもなおさず「禁止の体系」は「規制の体系」のことと同義だ、ということであろう。平成期に入って規制撤廃とか規制緩和が無条件の社会正義のようにいわれつづけ、現在にあっても安倍晋三内閣の「成長戦略の矢」の骨子は規制緩和によるイノヴェーションの促進のことだとされている。何という錯乱の経済政策であることか。官僚による規制過剰も困り物だが、民間の規制過少も厄介物である。適正な規制を準備すること、それもまたインディカティヴ・プログラムの重要な一項目なのである。

インディケーションが必要となる最大の理由は、未来が（確率的に予想することなどの叶わぬ）危機に満ちているからにほかならない。経済学で一九七〇年代から八〇年代にかけてラショナル・エクスペクテーション（合理的期待）という考え方が猛威を振るった。それは反ケインズを旗印とするものであって、政府が財政支出で景気を浮揚させると構えたとしても、その財政赤字は将来において必ずや増税によって元利返済されることになるのであるから、将来のことをも合理的に期待するのが民間人だとすると、政府の景気浮揚策は結局は無効に終わる、とみる考え方である。

何という軽はずみな政府観であることかと今さらながら慨嘆せざるをえない。政府と民間の違いは、前者が国家や世界の全貌とそれらの長期動向を見渡す立場にいるのにたいし、民間はおおよそセルフインタレスト（自己利益）にのみ関心を寄せて、セルフインタレステドな（自己に関連した）事柄にしか興味を示さない。すべての民間人がそうだとまではいわぬが大概の民間人はそういうものなのである。それは、人間の生来の資質というのではなく、人間のおかれた立場からしてそうなるのである。――マーケットが文明の素晴らしき発明品とされるのも、A・スミスが説明したように、こうした「自己愛もしくは利己心の社会的調整」の機構としてなのである――。合理的期待の考え方は、個別経済主体が経済社会の全体的な成り行きを考えて行動するというのであるから、「市場によるセルフインタレストの調整」という考え方を真っ向から否定しているのである。合理的期待が莫迦話だと察すれば、政府によるインディカティヴ・プログラムが、法律的および政治的な規制力を発揮して、危機に満ちた未来にたいして何ほどか確かな道標を打ち立てることができるし、そうしなければならないということになるはずだ。

また国民にして健全なナショナリズムを持ち合わせているならば、そうしたステーティズムに信頼を寄せるにやぶさかではないであろう。というのも、健全な国民とはコモンマン（通常人、庶民）のことであり、そしてコモンマンは、リージョナル・コミュニティ（地域共同体）とそこにおけるコモンセンス（常識）にもとづいて、自分らの作った政府に（少々の猜疑を向けはするであろうが）おおむね信頼を寄せてかかるものだからである。ここでコモンセンスの「コモン」には二重の意味がある。空間的（社会的）には他者と価値や規範を共有するということであり、時間的（歴史的）には他者と判断力や決断力においておおよそ共通するということである。

それどころか健全な知識人ならば、知識の前提にここでいう常識を据え置くに違いない。この前提を無視してかかる（たとえば合理的期待仮説に血道を上げたような）専門人のことを批判して「都会の知識人よりも田舎の庶民のほうがはるかに多くの知識を持ち合わせている」（チェスタトン）とみなければならない。

軍事的な意味での国防のことは次章で述べることにするが、ここでとりあえず確認をしておきたいのは、世界各地で軍事衝突のドンパチが立て続いているというのに、ましてや朝鮮半島での米朝軍事衝突が具体的なプランニングとして浮上しているにもかかわらず、この国では憲法九条第二項（非武装・不交戦）の条項が不磨の大典として尊ばれているというふうに、インチキトンチキな日本列島の現状である。もし米朝衝突となれば、「安保法制」ができているからには、自衛隊の隣国への「武力出兵」がアメリカから要請されるかもしれないという可能性について、この国の世論では一片の議論も起こっていないのだ。さらに内閣が次々と替わろうとも上に述べた意味でのインディカティヴ・プログラムが国民の前に明確に提示されることがないし、そもそも日本国民がそんなものに一片の敬意も払おうとしていない、というあまりといえばあんまりなこの列島の惨状についてである。

戦後昭和を思い返せば、吉田茂のやった占領国アメリカとの妥協にも岸信介のやろうとしたアメリカからの一定の（ただし形の上だけでの）独立にも池田勇人のいった「所得倍増」にも、田中角栄のいった「日本列島改造」にも大平正芳のいった「田園都市国家構想」にも、中曽根康弘のいった「不沈空母日本」にも竹下登のいった「ふるさと創生」にも、それぞれ重要な意味が込められていたと思われる。そして今必要なのは、それら様々なインディカティヴ・プログラムを総合してかかることではないのか。彼ら各首相が一点突破の全面展開といったやり方で自分を際立たせようとした偏頗さに傾いていたこと、そしてその偏向した案を具体的に推し進める準備に欠けていたことは否めない。だが、「国民とその政府」にしてコモンセンスを持ち合わせているならば、それらの各点を結び合わせて、また結び合わせるための原点を模索して、日本国家にインテグリティ（総合性・一貫性・誠実性）を与え、そうすることによってこの列島にオートノミー（自律性）を持たせることなのだと思われてならない。

第四章　「シジフォス」の営みは国家においてこそ

ギリシャ神話においてシジフォスは死の神（タナトス）を裏切り、そのせいで神々の神ゼウスから罰を受け、巨大な岩を山へ持ち上げようとしては落ち、また持ち上げては落ちるという永劫の罰を科された。しかし神がいないならば、生への報賞も制裁も究極には自分で決めるしかない。そしてたしかに、A・カミュがいったように、「人生が生きるに値しないならば、自殺するしかない」と考えられる。だが、生がなんであるかは実際に生きてみなければわからないことが多い。で、自殺に至るには時間がかかるということになりがちとなる。国家にあってはもっとそうであって、そこでは次々と新しい世代が生まれ、時代の継承が行われている。だから国家は、大戦争のきわめて特殊な局面を別とすれば、その存在意義が不確かなので自殺・自滅すればいい、とはいかないのである。その結果、シジフォスの如く難行苦行をエンドレスに引き受けるという様相を国家は帯びざるをえなくなる。

第一節 「歴史の不可逆」をわきまえぬ者たちが「核の廃絶」を言う

述者は、極私的にいえば、マハトマ・ガンディの「非暴力不服従」を心の深奥に抱きつづけてきた。いや、あまりにも権力が専横を振るうなら、自分は命を賭してテロルに向かうかもしれないという心理がそのガンディイズムのすぐ後に続いていることについても自覚していた。さらにいうと、バイブルで「右の頬を打たれたら左の頬を差し出せ」というのも相手へのテロル（恐怖）を意図してのことではなかったのか、とすら考えてきた。

マハトマ・ガンディ
（1869-1948）

いずれにせよここでまず言及しておきたいのは核兵器と原発についてである。「核」について自分らが何を犠牲にするのかをなおざりにした上で「反原発」や「核兵器廃絶」などが安直に唱えられているのに接すると、心中ひそかなガンディイストおよびテロリストとして、そこに甚だしい欺瞞や偽善を感じてならないのが述者の場合なのだ。

核廃棄物の捨て場所がないとの理由で、また日本が火山列島であることなども理由にされながら、反原発が天下の正義になりおおせている。しかしこの種の主張には「文明の被害」ということにかんする全般的な考察が欠けている。交通事故も食品や薬品をめぐる被害もCO_2やNO_xなどによる環境汚染も、世界規模でみて、戦後の七十余年をみただけでも、一億人に近い生命を損傷させているに違いない。それに加えて近代文明における国際的な覇権争いの結果としての戦争によって、つまり朝鮮半島やインドシナ半島やイスラム諸国やアフリカ諸国において繰り広げられた戦争のせいで、二千万を優に超える生命の損失がもたらされているに相違ない。しかもこれらの文明による被害の半ば以上は制度的な必然として生起したものであって、避けることのきわめて困難な事態であったというほかない。加えて我が国がそれらの被害を防ぐのに格別の犠牲を払ってきたとも聞いていない。そうならば原発の被害のことだけをことごとしく論じるのは著しくバランスを欠いている。

同じことが「核兵器」についてもいえる。たとえばオバマ大統領下のアメリカは、古い核兵器をより性能の高い物に置き換えるべく、核兵器のための財政支出を三〇%ばかり増やしていた。いわゆるNPT（核不拡散条約）には二つの重要な条件が付されていたのである。一つは既保有国が核軍縮に努めることであり、もう一つは「周辺事情の如何によっては脱退しても構わない」と認められていることである。あっさりいうとアメリカ、中国、ロシア、北朝鮮という核兵器保有国に囲まれている我が国において、核武装の必要についての政策はおろか議論までもが禁忌とされているのは、一体全体、どういうわけなのか、誰も説明できるはずもない。

北朝鮮の核が不当であるのは、その国家が拉致・麻薬・贋ドル・航空機爆破などで「侵略的」な性格を如実に示しているからであり、そういう国家が核兵器を手にするのは国際社会の秩序にとって由々しき事態と考えられるからである。――それなのに小泉元首相のときから、「拉致と核との分離」に日本外交は同意してきたのだ――。それどころか、ヴェトナム、イラク、アフガニスタン、シリアと数えていっただけでも、今の世界で最も侵略的なのは、アメリカであると断定してさしつかえない。そのことを看過して、すでに核不拡散条約を脱退している北朝鮮を難詰するいわれは、法律的にも政治的にもあろうはずがない。

論理的にのみいえば、アメリカの「ニュークリア・アンブレラ」（核の傘）を日本人にあって信じたことにし、それで核については自分が保有することなどは考えないとしているといわざるをえない。だが、大陸間の弾道弾や潜水艦からの核発射のことを考えれば、さらにアメリカが中国とのアピーズメント・ディプロマシー（宥和外交）に入っていることなども考慮すれば、それはとうに破れ傘になっているとみざるをえない。

述者は日本の核武装を必要とみる者である。その理由は、第一には日本が核武装諸国に囲まれていること、第二にアメリカから実質的に独立するには個別的自衛力を強めるほかないということである。――とくに重要なのは核武装による対米独立なのであって、それがなければ、たとえばアメリカの要請によって北朝鮮への武力侵攻にも日本が参加しなければならなくなるかもしれない。「前線での武力使用」を認めた安保法制そのものは一人前の国家たらんとするなら当然の準備だが、しかし、その集団自衛のパートナーとやらは侵略性を長きにわたって剝き出しにしてきた（日本の宗主国ともいうべき）アメリカである。そしてそのアメリカには中国と事を構える体力も気力もない。そのため、我が国は、対米従属を続けるなら（おそらくは尖閣諸島を中国に奪われることとの引き換えで）米中の対朝支配に加担する、という構図すらが極東のゲオポリティクス（地政学）として描き出されてくるのだ。「自尊と自立のための安全と生存」という国家の根本を忘れ「安全と生存を自己目的化してしまった」（国民ならぬ）単なる人民は、こうした地政学的展望のなかで生きるしかないのである。

ただし核武装に踏み込むには条件が付けられる。「核による先制攻撃は絶対にしない」と憲法に明記せよということである。つまり、プリヴェンティヴ・プリエムプション（予防的先制攻撃）は核については禁止せよということだ。というのも、相手が日本列島にたいする核攻撃の準備に入っているという情報が仮にもたらされたとしても、それが実行の寸前で中止される可能性もあるからには、先制攻撃で相手に与える莫大な被害のゆえに、日本は国際社会における名誉を完全に喪失するという事態になる。それを避けるには、いわゆる「報復核」に戦略を限定すべきだということである。しかしこれには、ほとんどガンディイズムに近い異常なまでの忍耐力が要請される。つまり、何十万、何百万の被害に耐えて報復に立ち上がるというのは、並大抵の作業ではないのである。

なお、軍事費がＧＤＰの一％というのは、西欧諸国が二、三％程度だということをみればすぐわかるように、異常とみざるをえない。あっさりいえば、「軍事費倍増の下での核武装」というのがあるべき国防論の基本像だということである。

原発についても同様のことがいえて、風力や波力やバイオ力による発電は見通すかぎり日本が必要とする電力のほんの数割を賄えるにすぎないであろう。自然資源の乏しい我が国であってみれば、また火力や水力による発電には環境破壊が伴うこと必定なのである以上、原発を何ほどか利用するのは、日本の文明にとって不可避の方策なのである。少なくともそうである可能性が高いとみておくしかあるまい。しかも我が国は「富の維持拡大」という路線を（国民の支持の下に）相変わらず進んでいるのだから、原子力のことを計算外におくことなど不可能である。なお、日本の核武装に最も強く反対するのはアメリカであろうが、その反対に正当な理由をつけることなどできるわけがない。

要するに、「核」の利用は文明の歴史においてイリヴァーシブル（不可逆）だと見定めるほかないのではないか。この不可逆性の根本には「核にかんする知識」を消去することは不可能だという厳然たる事実がある。ある意味では核廃絶が実現した瞬間が最も恐ろしいのだ。なぜといって、その知識を利用・悪用することによって世界の覇権を掌握しようとする人間や国家が出てこないという保証がまったくないからである。実際そのようにして米ソ冷戦構造がはじまったのではなかったのか。「核は使われない兵器だ」というのは嘘だといってさしつかえない。核保有国のあいだの（通常兵器による）直接的な戦争が起こってこなかったのは、互いに核という大量破壊兵器を所有しているという相互認識にもとづいてのことであったのだ。その意味で「核は使用されてきた」のである。

再び極私的にいうと、「自分の立場は反原発ではなく反電力であり、蠟燭の文明で結構」、「鉄砲の前の刀の時代にまで戻って戦争を再開せよ」という冗談を飛ばすのが述者の場合である。しかしこんな冗談が政策論になるわけもない。現代世界は核といういわば「悪の業火」を受け入れ、その方向からもはや戻れないという意味ですでに呪われた文明となってしまっているのだ。このことを看過して、というよりそれを承知した上で反核を唱えるのは（東北弁もしくは北陸弁でいうところの）ハンカクサイつまり阿呆くさいほどに生半可な主張にすぎない。

いずれにせよ世界情勢が破局に向かって歩を進めているとみざるをえない今、反核の美辞麗句を連ねるのはまったく（欧米の日常語でいわれるところの）パシフィズムつまり「臆病者・卑怯者の言動」といわれて致し方あるまい。——ちなみに、ピースの語源たる「パクス」は「強者による弱者への平定」を意味する、ということも忘れてはならない——。核武装や原子力発電のことのみならず、国防のための財政支出を倍増させたらどうかとか、国防意識の強化のためにも先進（のみならず後進）各国の後を追って徴兵制を敷いたらどうかとか、国防意識の乏しい老人にたいする生涯教育のために憲法に「国民には国防に協力する義務これあり」と明記すべきだとかいったような、具体的な検討を始めるのでなければ、日本はとても一人前の国家にはなれない。日米安保なるものは「日本を自前では戦争のできない国にする、日本に可能なのはアメリカ軍に協力することだけである」という枠組のなかで機能しているといわざるをえない。「日米間の一〇〇%の軍事同盟」（安倍首相）というのはそのことを指している。つまりこの列島は依然として（カーター政権の国家安全保障特別補佐官Z・ブレジンスキーがいってのけたように）アメリカの「プロテクトレート」（保護領）のままなのである。「国家の独立のための国家の防衛」という視点がこの列島では通用しないのだ。

軍隊なるものを信じてこんなことをいっているのではない。今の軍隊は、その組織論にあっても戦略論にあっても、モダニズムつまり設計主義の権化となっているといってさしつかえない。つまりそれにたいしてキヴィタス（都市住民にふさわしい公共心をもった人）に満ちたシヴィリアン・コントロールを施す政治家がいなければ軍隊の暴走する危険がつねにある。その意味でも良き保守思想の発達した国家でなければ、良き軍隊をもつことはできないのである。

こんなことをいっても、誰も耳を傾けてくれないということを述者はよく承知してはいる。しかし口を噤《つぐ》んだままでいるのでは正義にも勇強にも反したままの言論に終わる。無効や敗北を覚悟の上で言うべきことはいっておく、と構える以外に言論人としての廉恥と公平を守る術はないといっているだけのことなのだ。というのも、憲法違反の存在たる自衛隊にGDPの（一％にすぎないとはいえ）一部を正式の予算として計上してきたような国家にあって、なおも憲法を守れといいつつ、自衛隊に（九〇％を超える支持を与えながら）災害救助を仰いでいるというような有り様にたいしては、「欺瞞はいい加減にせい」というのでないとしたら、「こんな劣等な列島はもはや国家に非ず」と断じるほかないからである。日本を始点にして東南アジア一帯に至る「非核エリア」の形成を唱える者も少なくないが、そんなエリアはいずれ米中両大国の政治と経済の両面での「草刈り場」と化すに相違ない。そう見通すのがゲオポリティクス(地政学)というものであろう。

第二節　恐怖の均衡か、国家テロルと宗派テロルの世界

現代世界にすっかり定着してしまったテロルという言葉は、フランス革命時に使われた政治用語だといってよい。つまりジャコバン派が(ギロチン処刑――それ自体は「苦痛の少ない処刑を」というヒューマニズムに発してはいたのだが――をはじめとして)恐怖政治を敷いたところから、その言葉が世間でも用いられるようになったのである。そしてここで「恐怖の均衡」というのは、元々は、核拡散についての概念として用いられてきた。世界政府が存在しないし存在してもならないという条件の下では、多くの国々が核兵器を持ち合えば、その相互威嚇の結果として「戦争が起こらない」という意味での平和が達成されるという見方、それが「恐怖の均衡」ということだ。

皮肉なことに、そういう立派な理論があるにもかかわらず核不拡散が金科玉条とされることの帰結として、テロルという形での相互威嚇が、この四半世紀の世界を覆っている。少しく具体的にいうと、自由民主のイデオロギーと宗教帰依のイデオロギーとの正面衝突が世界各地にテロルの嵐とでもいうべき事態を惹き起こしている。それを政治的次元で言い換えると、他国民への露骨な侵略・抑圧とそれにたいする絶望・反逆とが拮抗しているというのが現代世界の偽らざる相貌となっている。

アメリカを中心とする自由民主主義圏では「テロ撲滅」の政治標語が高々と掲げられている。しかしテロルの本質は何であろうか。法治が原則となっている現代政治にあっては、テロルは「不法の暴力・武力の行使」のことだといえよう。ただし現在のテロルにあって問題となる法律は国際法のことである。国際法が（特に不法への制裁能力が弱いという意味で）不備なままであることは論を俟《ま》たない。そのことを指して「自衛と侵略の区別なんかは不可能だ、その証拠に歴史上の侵略はほとんどすべて自衛を口実にして遂行された」という意見が罷り通っている。これは、ほんの一理があるものの、頷きうる話ではない。冷やかし半分でいえば、自衛の「口実」という言い方の中に、すでに自衛と侵略の区別は必ずしも不可能ではないということが示されているではないか。つまり丹念に調べれば当該の武力行使が自衛を「口実」にした侵略なのだということがおおよそ明らかになるということである。また、そうでないとしたら、世界は弱肉強食のジャングルだということで話が仕舞となってしまう。

その端的な例が、ブッシュ・ジュニア大統領が行ったイラクへの武力行使なのであった。それはサダム・フセイン大統領に率いられていたイラクが、秘密裏に（ＮＰＴから脱退していないのに）大量破壊兵器を保有しているというＣＩＡ（アメリカ中央情報局）の似非情報にもとづいて行われた。そのことが、事後に、米英の議会における調査委員会で確認されてもいる。――まったく奇怪至極なことに我が国だけがそのことを公式には認めていないのだ――。

「不法の武力行使」という点に注目すれば、侵略は国家テロルと名づけて構わない。だから今世界で繰り広げられているのは、国家テロルと（宗教性を帯びた）半公式・半公然組織テロルとの応酬だといえよう。それゆえ「テロ撲滅」などはまったく空虚な言葉だといってさしつかえない。

一例をとってみれば、二〇一七年五月英国マンチェスターでテロルが起こり、女性や子供たちが何十人も殺された。「女子供」が殺されたことに着目したセンチメンタルな非難攻撃が自由民主主義圏で行われたが、しかしその同じ日に、イラク・モスルにたいし、アメリカ軍が空爆を行い（人数は定かならねども）「女子供」がたくさん殺されたことについては、むしろＩＳ（イスラミック・ステート）の勢力が殺《そ》がれたことを歓迎する類の報道が多かった。国家テロルを肯定してＩＳテロルを否定する、などということに論拠があろうはずがない。この一事をもってしてもテロル撲滅なる合言葉がどれほど虚偽に満ちたものであるかが歴然となるといってよいであろう。

思い返すと、第二次世界大戦におけるトータル・ウォーがすでにして「非戦闘員への大量虐殺」という国際法（ハーグ条約）違反を盛大に繰り広げたものなのであった。そんなことは東京大空襲や広島・長崎への原爆投下を受けた日本国民ならば真底から認識しておかなければならない歴史的事実である。要するにテロルは今に始まったことではないのだ。それなのに様々な国家テロルを正当化するための粉飾が相も変わらず行われつづけている。

話はそこにとどまらない。文明を進歩させたとして賛美されてきたアメリカ独立革命、フランス革命、明治維新、辛亥革命、ロシア革命などのすべてが、そのときの法秩序からみると、「不法の暴力」を伴ったという意味でテロルだったのである。それらの（大変革と近代主義的な意味合での）革命にいささかの疑義も呈してこなかったくせに、それどころかそれらの「革命」とやらを文明進歩の印と見立ててきたというのに、テロル一般を悪と断じるのはあきらかに二枚舌だ。そんな「いわゆる知識人」に同調するのは末代までもの――述者には孫はいないものの――恥だと述者には思われたのである。

述者はＩＳ系のテロルに格別の好感を寄せるものではまったくないが、しかし、アメリカ系の国家テロルを受けた人々のあいだに広がる絶望の深さは察しられるところである。直接に国家テロルの被害を受けていなくても、移民・難民として外国を漂流する人々の心中におのずと深まっていく絶望は、自殺に行きつくのでないとしたら、ひそかな反逆へと近づくであろう。なぜといって自分の生に意義を見出せないという極限までくれば、それはもう法治の秩序のうちにはとどまっておれないという心理状態に、彼ら絶望せる人々を落としこむに違いないからである。

そう思われるさなかに、我が国は「アメリカとの一〇〇％の軍事同盟」を宣言してしまっている。なるほど、状況適応を専らとするならアメリカに服属することによって安穏と延命を図るのが、政治算術だといえなくもない。グローバリズムへの適応をアメリカニズムへの適応に縮小したとて、それは世界の主流に棹さしたいという点では同工異曲の振る舞いだといってさしつかえない。だが、世界の主流がどこへ向かうか、ますます不透明になっているのが、この二十一世紀前半の世界風景なのである。その証拠にＵＳＡにあっては鳴り物入りで登場したトランプ大統領が（「ロシア疑惑」なる正体不明の容疑によって）その地位すらをはや危うくさせられているという始末ではないか。日本の首相は真珠湾を訪問して前アメリカ大統領と固く握手し、アメリカの（日本の真珠湾攻撃による）被害者に深々と哀悼の意を表したせいもあって、北方領土の返還交渉が完全に暗礁に乗り上げてしまった。伝聞にすぎないが、プーチン露大統領は日本の外務省関係者に聞いたそうだ、「歯舞《はぼまい》・色丹《しこたん》を返すと、そこに米軍のミサイル基地ができるのか」と。日本の関係者は答えたそうだ、「その可能性はあります」。笑いたくなりはするものの笑えぬ噂話だといわざるをえない。

米軍がフセイン個人を追いつめて殺害したのは（侵略）戦争の延長であるから少々は見逃しにせざるをえないとしても、他国パキスタンに秘密の攻撃隊を差し向けて、おそらくは関係者を買収しながら、ビンラディン個人を殺害するというようなやり方はほとんどテロル・マニアックな振る舞いとみえて、目を背けたくなる。こんな大中小取り混ぜてのテロルの光景をみせつけられると、老人はともかくとして若者ならば絶望の果ての決起を決意して何の不思議もない。

今を去る七十一年前、神風特別攻撃隊の（述者にも壮挙とみえてならぬ）行動にたいし、坂口安吾が次のように述べているのを思い起こすべきではないのか。「かくも平凡な若者たちが、かくも偉大なことをなしたというだけでも、日本民族の未来にとって希望ではないのか」。いや、もっと正確にいえば神風特攻の偉大と悲惨の両面をしっかりと見据えつつ、世界は西洋中世における十字軍のホーリー・ウォー（聖戦）や大東亜戦争のジャスト・ウォー（正戦）から何一つ進歩していないどころか、それらにストーリー（物語）を与えることとすらできなくなっているという意味で、ヒストリーはむしろ堕落の道に入り込んだといわざるをえない。だから、このハイテク遊びに耽る日本列島にいわれの定かならぬテロルが仕掛けられる日もそう遠くはない、とみてそう大きく見当は外れまい。

第三節　薄ら笑いを浮かべて時流に浮かび続ける性質《たち》の悪いニヒリズム

「現代における最も気味の悪い訪問者はニヒリズムである」（ニーチェ）というのは疑いのないところだ。だが述者が読んだり見たり聞いたりした経験を踏まえていうと、ニヒリズムにはまず四種類のものが挙げられる。一つはニーチェ自身が演じたところだが、絶対の存在を蹴飛ばした上で、おのれ自身をメンシュ（人間）と知りながらユーバーメンシュ（超人）と見立て、その高い見地から世俗を超えるべく詩を謳うやり方である。二つめは『悪霊』（ドストエフスキー）に出てくるスタヴローギンのやり方で、彼は徹底した合理主義者としておのれが生きていることにまったく意義を見出せなくなった段階で、ロープに石鹼を塗って滑りをよくしつつ、自裁しはてる。三つめは若き日のA・マルローが描いた人物像で、おのれのその瞬間における理論と感情の赴くまま、それが一時のものであると知りつつも、生命や人生を賭した行動へと自分をプロジェクト（投企）させるやり方である。四つめは、いわばコレクターの病的心理を楽しみつつ、絶対者の代わりに歴史の産物を持ち出し、それらのうちで最高級と思われる作物《さくぶつ》を鑑賞することに憂き身をやつす仕方だ。

述者は、若いときのことにすぎないが、マルロー風に、いやそれ以上にスタヴローギン風に、相当にイカレていたと認めてもよい。だが、ユーヴァメンシュやコレクターの気分になったことは片時もありはしなかった。自分のことはさておくとして世界を眺め渡すと、様々な形でのニヒリズムが現代の玄関、さらには居間を通って奥座敷にでんと居座っている、といった観想から述者は離れられないままでいる。時代が進むにつれ虚無の瘴気《しょうき》がその広がりと濃さを増すばかりであると感じられてならないのだ。

そこで思いつくのは五つめのニヒリズムについてS・キルケゴールがすでに一八四六年に（『現代の批判』において）指摘していたことである。定かな記憶ではないが、「ニヤニヤと薄ら笑いを浮かべながら、パーティで相手の出来の悪い作品にお世辞をいうのは、次には自分の大したことのない作品を褒めてもらおうとの魂胆からである」といった内容のことがその書で指摘されていた。この二十一世紀を包んでいるのは、この種の消極的というか投げやりというかその場限りというか、ともかくごくごく薄い、しかしそれゆえにいつまでもつきまとってくる、虚無の気分なのだと思われる。

急に少し脱線話をしたくなった。一九七〇年代の半ば（J・ニコルソン主演の）『カッコーの巣の上で』という映画があった。それは精神病院の話で、人間味溢れる外れ者役のニコルソンが医師や看護師に抵抗したり彼らをからかったりする。それが看護婦長の怒りを買い、最後にはロボトミー（脳前頭葉の切除）を受けて廃人となり、そしてその友人の巨人姿のネイティヴ・アメリカンが病院を脱走するといった成り行きの映画であった。

簡単にいえば、ヒューマニズムの見地からする人間管理システムにたいする告発とまとめられようが、しかしそれにはもっと細かな論点がいくつも含まれていた。クックー（郭公）には阿呆という意味がある。だがニコルソンが演じているのは「自分は阿呆だということを知っている人間」の振る舞いである。少し大げさにいえば、ナレッジ・オヴ・イグノランスつまり「無知の知」（ソクラテス）という哲学の出発点にこの主人公は立っているのである。そのことが精神病院の管理者たちにはわからないのだ。

それのみならず「カッコーの巣」という言葉においてすでに大いなる矛盾が表現されている。知っている人も多いであろうが、カッコーは自分の巣を作らずにヨシキリなどの巣に（ヨシキリの卵を蹴落とした上で）自分の卵を預け、そしてコマドリたちに卵を抱かせて孵《ふ》化《か》させるといったことをやる鳥なのだ。つまりカッコー自身の巣などはこの世にはないのだから、この病院は患者の病院ではないのだ。それはいわば「不在という意味での無《ニヒル》」ということを表わしている。人間でいうと徳義の規準が無でよいとされているということにほかならない。もっというとそれは邦題で『……の上で』となっているが、厳密には『……を超えて《オーヴァ》』と訳されるべきであった。そのネイティヴ・アメリカンが病院を脱走するのは、北米大陸はもはや彼らネイティヴズにとっては不在であるのだから、そこからいずこへともなく去っていく以外に生きようがない、という暗喩をその巨人は背負っているわけである。

ここでいいたいのは、薄ら笑いのニヒリズムの霧がますます濃くなっているについては、現代社会が技術によるものなどをはじめとするシステミズム（体系主義）にからめとられ、そのせいで人間精神の根元までもがロボトミーされているという現状についてである。そんなところで可能なのは、たしかに、薄ら笑いを浮かべつつ、いかに生きていかに死ぬかという人間に本来の課題を忘れてしまうことしかないであろう。

述者は「あらゆる疎外からの完全な解放」などを夢みているのではない。逆に、歴史のもたらした制度の中で生きる人間は、人間性の半ばの悪を自覚しうるという点でのみ性善たりうる者としての人間は、制度による人間の本来性への抑圧を進んで引き受けてみせる度量がなければならない、と考えている。とはいうものの、そのシステミズムによるひそやかな抑圧が社会の隅々にまで至るとなれば、そこから当て処なく彷徨い出る以外に生きようも死にようもなくなると思われる。

システミズムがモダニズムのもたらす必然の結果であることは、あらためて言及するまでもないであろうが念のため再確認しておく。「スペシャリスト（専門人）たちの作り出す刺激的なモデル（模型）がマス（大量人たち）によって歓迎されてモード（流行）となる」ということの帰結、それがシステミズムなのだ。しかもそれに歪んだ意味でのファンダメンタリズム（原理主義）におけるラディカリズム（急進主義）が伴う。つまりファンダメンタリズムの本義は「物事の根本」を尋ねることであり、ラディカリズムのそれも「物事の根元」を問うことである。それなのに、両者とも皮相的にのみ捉えられて、根本・根元を直接的かつ短期間で実現することだとされてしまったのである。で、ラディカリズムとは急進主義のことだ、となってしまった。

システミズムの下にあっては、その体系の中で「生き延びることそれ自体」が最重要とされる。しかし、坂口安吾がかつて指摘したように「生には堕落が伴わざるをえない」。つまり生きるためには横暴・卑劣・野蛮・臆病といったような様々な不徳をも引き受けなければならない。そこでM・パンゲの一言が鳴り響く。大まかな記憶でいうと、「世界広しといえども、ニヒリズムの根元を絶つために、宗教や哲学の形而上学に頼らずに、自らの生命を絶つのを文化としたのは、ひとり日本民族だけである」と彼は言ってくれている（『自死の日本史』）。これはいわゆる「切腹」の行為を指しての解釈である。古代ローマにおいて元老院のカトーも独裁者になろうとしていたシーザーに抗議して切腹したことを考えると、日本民族だけがそうした文化を持っていたのかどうか述者には分明ではない。確かにいえるのは、安吾の場合は「人間は堕落し切ることはできない、だからそこで自分自身の絶対を発見する努力に入るであろう」というにとどまっているのにたいし、パンゲの場合はいわゆる生命至上主義のなかに徳義のただならぬ堕落としてのニヒリズムの芽が伸びていることを、つまり生そのものがニヒリズムの土壌であることを、しっかりと見抜いているということである。

第四節　「メビウスの帯」に巻かれた現代世界

一八〇〇年代の半ばに数学者A・メビウスが発見した「メビウスの帯」という理論がある。それは簡単にいうと細長い紙片をひとひねりして両端を結び合わせて、その表・外をなぞっていくと、いつの間にか裏・内に入ってしまい、さらに進むと今度は表・外に再び出てしまうという、多面体幾何学における一つの構造である。それが一九七〇、八〇年代にポストモダニストの思想とやらにあってしばしば利用された。というのもそれは体制と反体制、左翼と右翼あるいは正統と異端の区別をなくしてしまうので、「差異化の論理」とやらにもとづいて自由奔放な発言をするのに便利だったからである。しかし当時から述者はこの「メビウスの帯」をそのような自由思想の脈絡で利用するのに反発していた。というのも、その「ひとひねり」が何を意味するかという脈絡を明らかにしないかぎり人間・社会にかんする言説としては無意味だと考えたからである。

ところが今から十年ほど前、もはや覚えている人とて少ないであろうが、「アネハの設計偽装」とか「ホリエモンの会計偽装」とかいった問題が多発して世を騒がせた。彼らは「ベンチャースピリットでイノヴェーションを促進せよ」という体制側の主張に沿っていたという意味ではエスタブリッシュメント（既存の価値観）のがわのいわばヒーローであった。しかし彼らがそこで加えた「ひとひねり」は何であったかというと、既成の古い価値や道徳を無視してかかるという手法なのであった。しかしそれはエスタブリッシュメントからは簡単には批判されえないやり方なのであった。なぜかというと規制の価値・道徳にこだわるなというのがベンチャースピリットにほかならなかったからである。

それは、一般的にいうと、制度の不安定化というコンテクスト（脈絡）のなかでは人間の意識と行動は（古い考え方からは混迷とみえようとも）人間の意識・行動の多様な表現とみなされて、少なくとも当人たちは正当なことをやっているつもりでおれるのである。価値・道徳のことにかんしていうと、それはたしかに解釈・運用によって大きく変わりうる――その端的な例は日本国憲法の第九条第二項において「非武装・不交戦」が謳われているのに、主権国家が自衛力を持つのは自然法に適っているという解釈で、自衛隊という戦力が合法とみなされるという事態である――。当時それらの体制側の先兵たちは、「価格破壊」を呼号しながら、法律・道徳にかんする別種の解釈に依拠して、市場経済をますます不安定に落とし入れようとしていたのである。今やそれが世界規模での現象となっていて、その見本がリーマン・ショック時における詐欺も同然な証券の販売であった。具体的にいうと、「不動産価格は値上がりを続けているので、もし借金を払えなくなっても、その不動産を売れば、儲けが残る」との口上は、皆が揃って不動産の売りに入れば不動産価格が下がること必定なのであるからには、詐話に等しいということである――。また、今現在も、そうしたデマゴギーは毎日のように言動を左右させるトランプ新大統領の振る舞いとなって世界を驚かせたり面白がらせたりしている――。

これはリアル（本物）とフェイク（紛い物）、もしくはヴァーチャル（仮想的）なものとのあいだの区別が曖昧になったということである。とりわけ問題なのは既存の秩序規範にかんする解釈もイノヴェーション礼賛の風潮の中でイノヴェイト（革新）されてしまう傾向に入ったという点だ。いわんや、既存の秩序はイノヴェーションを予測して作られてはいないので、こうした変革を旨とする時代では、状況の進展につねに遅れをとってしまうことになる。それにつれて社会制度や文化制度が不安定化させられ、そんな状況の中では人々の人間関係そのものがいわば「失関症」に罹り、それに伴い人間個人の感情もまた統合性を失うという意味で「失感症」に陥るという傾きに入る。

余談にわたるが、述者は亡妻と自分の関係についても触れている原稿を書いたことがある。それをデジタル・データにするのを頼んだ周りの女性に、書物ができた段階で読後感を聞いてみたかったので、「どう思ったか」と尋ねてみた。返事がないので何日かあとにもう一度尋ねてみた。やっと返ってきたのは「どう言って欲しいんですか」というものであった。たしかに、日常の会話では相手の受け入れ可能な科白を吐くのが普通は適切な振る舞いではある。しかし何をいえば受け入れるのかと直接に質すのは相手にたいするどちらかといえば侮辱である。いや、侮辱はかまわないとしても、相手にたいする自己の洞察力のなさを吐露しているのであるから、それは無能力の自己暴露である。侮辱や無能が会話の作法に入るということになってしまったら会話なんか途絶えてしまう、というのが古いマナー・エチケットなのであった。

今やどうやらそんな作法はイノヴェイトされて地面に投げ捨てられ踏みつぶされてしま

ったのであろう。この種の現象に、近年、述者はしばしば際会する。もう一例を示せば、初対面の（編集者とおぼしき）若者から「先生はまだセックスしているんですか」と問いかけられたことがある。もちろん述者は「どこのお兄《あにい》さんか名前も存じませんが、それがあなたに何の関係があるんでござんすか」と返しておいた。いずれにせよここでいいたいのは、こうした日常会話の次元にあってまで、社会・文化の制度が融解しつつあるという一事についてである。

人々の関係といい人の感情といい、一個のコンプックス（複合体）であって、けっしてシンプレックス（単体）ではない。その複合体を全体として何とか把握するには人間関係のコンテクスト（文脈）がナチュラル（自然かつ当然）の形で押さえられていなければならない。よく「メッセージとコード」（通達文とそれへの解読法）が必要だといわれる。だが、その解読が可能になるには、その奥底に人間関係のコンテクストとコンタクト（接触）の構造についての予めの了解がなければならないはずだ。言葉の交換をめぐる「文脈と接触」という基底構造が消失してしまったため、メッセージとコードもまた複雑性や繊細性を失って、単純で不粋なむくつけき言葉のやりとりが広がっているのではないか。そうした文化現象を基礎にして経済や政治においてまで（述者のような古い人間には）フェイクとしか感じとれない人間の言動が次第にその数を増しているようにみえてならない。

話を戻すが、既存の体制にたいして「ひとひねり」を加えていることの自覚すらが失われつつあるに相違ない。というのもノーヴェルティ（新奇さ）を示すものならばどんな言動であれ歓迎されるという雰囲気が社会を覆っているからである。たしかに、超長期的にみれば、言葉の意味も使い方も少しずつ変化し、ついには（「貴様」が丁寧語から乱暴語に変わったというふうに）本来の姿と逆になってしまうということは、言葉の歴史にしばしばあることだ。しかし短時間に大量に言葉のルールが変わるというのでは「量的には多弁症となって現れる質的な失語症」が文化を僭称《せんしょう》するということになってしまう。そうならば政治や経済がフェイクの活動場になってしまうのも当然の成り行きといわざるをえない。

カスタム（集団的慣習）といいハビット（個人的習慣）といい、それらには良習と悪習の別があるとみなければならない。しかしその良悪を状況に応じて判別する規準としての平衡感覚の束つまり伝統意識もまた集団の慣習や個人の習慣の中にひそかに含まれているはずだ。それを半ば無意識にせよ察するのでなければ、言語的動物としての人間たちの社会が無秩序に放り込まれてしまう。フェイクが各界の表面に頭角を現しているのは、共同体における人間関係の脈絡と接触が希薄になるに伴うこの伝統の崩壊ということと深い関係があるに違いない。その意味で、現代世界は「メビウスの帯」にぐるぐる巻きにされて、表・外と裏・内の区別がなくなりつつあり、それすなわち規範意識の蒸発だ、との感を深くせざるをえない。

第五節　「現代日本の朱子学」たる憲法に前頭葉のチャンネルを合わせるな

世界各国では、第二次大戦後の七十余年をとっただけでもそれぞれ大中小取り混ぜて何十回も憲法改正を行っている。一度も変えていないのはバチカン市国と日本国だけである。バチカンの場合は何といってもカトリック（普遍的）な教義が支配しているのであるから、変えるほうがむしろ奇異である。我が国にとってカトリックなのはアメリカ様が授与して下さった憲法、ということなのであろうか。まさかそんなことはあるまいから、特定の時代に特定の能力しか持たない特定の人物たちが、しかも外国の若い兵士たちが、公法に一丁字もないのにたった七日間で書き散らかしたものを不磨の大典とみなすのは、要するに我が国民がその前に拝跪してそれを神棚に祀ったまま、「触らぬ神に祟りなし」としているということなのであろう。

日本より歴史が短くかつ連続性の弱い英国にあってすら成文憲法がないということ、その代わりに憲法的基本文章がいくつか歴史上で確認されているだけということ、それを知っている日本人は多くはない。彼ら英国人は、歴史の流れを重んじていれば、そこで貯えられている伝統の精神に鑑みて筋の通った議論を議会でやってみせるなら、それで十分に憲法意識を貫いたことになると考えている。というのも憲法とは「おのれらの国柄を確認すること」なのであるから、議論をまあまあ尽くせばそれで国柄に沿うことができているはずだと構えているからだ。そしてそこには、「国柄」は「作る」ものではなく「成る」ものであるという国家規範にかんするごく真っ当な見方が表明されている。つまり述者の本音は、制定法についていうと、改憲論者ではなく廃憲論者だということである。成文憲法を作らねばならないというのは、自分らのオツムの具合に不調が生じているとの自己不安にとらわれている不安神経症者たちに特有の現象ではなかろうか。

実はこのアメリカ製の憲法についても日本人の健全な歴史意識にもとづいて各章句を解釈し直せばほぼ完全に日本国家に合った憲法とすることができる。述者はそれを実際にやってみたことがあるので、ここでは繰り返さない（『私の憲法論――日本国憲法改正試案』）。通常に解釈改憲といわれているものが不穏当なのは、その都度の状況に合わせて一時的な言い逃れとしての解釈を施してきたからにすぎない。

ただ如何とも解釈のしようがないのは、非常事態条項がないこともそうだが、それ以上に、かの憲法第九条第二項についてである。まずその冒頭で「前項の目的を達するため」

とあるが、前項とは「侵略戦争の禁止」という趣旨である。だからそのあとに続く「陸海空軍その他の戦力は、これを保持しない。国の交戦権は、これを認めない」というのは「侵略戦争をしないでおくための非武装・不交戦」という意味だということになってしまう。これは、常識で考えて「日本人は野蛮国だから、自衛用のものでも戦力をもたせれば、必ずや侵略へともっていく」、もしくは「日本人は阿呆だから、どう努力しても、侵略と自衛の区別がつけられない」、ということをしか意味しない。たしかに、日本に限らずどんな国家も相当に野蛮であり、相当に阿呆ではある。しかし日本だけが特別に野蛮だ阿呆だというのでは、そんな国家が独立国として名乗りを上げるのは、国際社会にとって迷惑以外の何物でもない。早速、正式にアメリカの保護領となってそのテリトリー（准州、「投票権をもたない自治領」）になるのが憲法の命じるところだと冗談を飛ばしたくなるくらいのものである。侵略と自衛の区別は難しかろうが、他国と同等の努力をすればその区別が何とか可能だとしてはじめて、日本は国際社会の一員たりうるのである。

日本が自衛隊という（憲法の法規上は違憲の）存在を正当化するに当たって、司法機関は「独立国家ならば自衛権を持つのは自然」という自然法の観念を持ち出してきた。しかしこれは頷ける理屈ではない。ガンディ流の非暴力不服従のやり方やチトーの「民兵によるゲリラ戦」というやり方もあるのであってみれば、自衛権のために国軍が必要だとは必ずしもいえないのだ――独立の軍事法廷をもたないから今の自衛隊は国軍とはいえない、というような話はひとまず脇におくことにする――。見逃しにできないのは「前項の目的を達するため」という文言が日本がわ（芦田均・衆議院憲法改正案委員会委員長）の発案によるという点である。つまり当時は、マッカーサー日本占領軍司令官をも含めて、「武器なき世界がやがてやってくる」という空想が、ほんの束の間であったが、人々を捉えていたことの反映がこの文言なのである。――ただし、朝鮮戦争が始まったあたりからマッカーサーが当時の日本の首相（吉田茂）にたいし、日本の再軍備を促すべく、二度にわたって「これは日本の憲法なのだから日本人自身で変えていいんだよ」といったことを忘れてはならない――。

空想話にもそれなりの意味が込められていると考えることもできるので、安倍首相がそうしようとしているように、この文言はそのままにして第三項を新たに付け加えて、「第二項を理想としつつも」といったような限定を付しつつ、「自衛隊の存在を認める」というのも一つの方法ではある。これはアメリカの修正条項方式に倣うもので、元本と修正条項が矛盾していても、それは歴史の行程の変遷を反映するものとして、そのままに認めておこうというやり方である。

だが、アメリカの法律観には大きな矛盾が含まれていることを知っておかなければならない。その修正条項方式は、みかけでは歴史の経験を重んじているように思われはするものの、その運用の実際はといえば、検事や弁護士が自分に都合のいい稀な判例を見つけ出してくるというやり方なのである。プレシデンシャリズム（判例主義）そのものは、たしかに経験の流れを重んじるやり方といってよい。しかし自分に有利な稀な判例を自己正当化のために用いるというのは、相当に卑劣な経験論の悪用である。そうであればこそアメリカ社会はスーイング・ソサイアティ（訴訟社会）として悪名を馳せている。

ここで裁判というものにおける形式主義と実体主義の絡み合いにおける米英さらには米欧の差異を解きほぐしておかなければならない。裁判を言語ゲームの形式とみなしてその言語活動が形式において優れているなら勝利者となる、というのが英国に伝来の形式主義だ。それにたいして実体主義は、犯罪の実体的な証拠が示された、もしくは数々の傍証からして被告人が犯罪を犯したと実感されてならないというのなら、犯罪があったと見立てるのが欧州流の実体主義である。

社会が安定しているなら、形式主義と実体主義のあいだに大きな齟齬は生じない。しかし、犯罪においてすらイノヴェーションが行われる、たとえば法の網の目の潜り方に斬新な工夫が凝らされる、ということになれば形式主義では犯罪に対処し切れない。またその裁判ゲームが、金銭や情報が（陪審員をはじめとする司法関係者に）動員されることによって、パワーゲームに変じてしまうというアメリカ流の傾きも生じてくる。どうしても裁判の運用方式を変えて、実体論を持ち込みつつ大いに疑わしきものはやはり罰する、ということも起こりうるとせざるをえなくなるのである——そのことが（一九七〇年代の）いわゆる「田中角栄裁判」において見事に示されたのだ。つまり、あらかじめ免責を保証されたアメリカ人の証言という日本の法律形式には合わない方法が採用されて、この元首相に有罪判決が下されたのである——。

しかも現在、アメリカ流の真似事としての裁判員制度なるものによって、裁判所に民主主義（というより「世論の支配」）が持ち込まれている。そういうマスクラシーの意味合をきちんと論じぬままに立憲主義やら法治主義やらを唱えるのは法匪《ほうひ》の所業にとどまる。憲法をはじめとして現代日本の法律体系はあたかも「アメリカ製の朱子学」のようにして相当に空疎な（自由民主の）理念の体系となっている。その理念主義の一環として、元来は国家における「禁止の体系」の基礎にすぎなかったはずの憲法をもって「国家の理想」を指し示すとみる戦後的誤謬が生じもした。

広くいえばアメリカニズムは現代日本にとっての朱子学なのだ、つまり近代主義を領導している世界覇権への法律上の空理空論による弁護論なのだ。日本人としての言行一致つまり知行合一を取り戻すために、いわば陽明学徒の気分で、日暮れて道遠しといえども、この（日本国憲法をはじめとする）法律体系に、いや法律の土台たる（アメリカニズム追随の）似非徳律にも、「時と処と位（立場）」に応じて、爆弾を仕掛けよとはいわぬものの大鉈を振るわなければならないのではないか。

なお、現憲法の天皇条項については述者の他書（たとえば『ファシスタたらんとした者』）に譲ることにして、ここでは繰り返さない。重要なのは、「天皇の地位」をレジティメイト（正統）にしてジャスティファイアブル（正当）なものにする「国民の総意」は、現在世代の国民の世論なんかではなく、歴史上の総世代の伝え残せし「伝統の精神」を意味する、と解釈すべきだという一点である。そうしておけば、今上陛下の退位問題にかかわる皇室典範も、皇室の「禁止の体系」における慣習を明文化してみたものにすぎない、ととらえることができるのだ。

第六節　「死者たちには自分らの墓石を担いで投票してもらおう」

このチェスタトンの文句には「古代ギリシャでは石ころで投票していたらしいが」という前置きがあるが、そんなことはともかく、彼がいわんとしたのは死者たちの残した伝統精神を引き受けずに投票しても、そんなものには英知が籠らないということにほかならない。第二章で述べたことに立ち戻ると、世論《せろん》ではなく輿論《よろん》、それこそが投票の基礎であるべきだということである。なぜといって輿論とは国民の有する（というより死者たちの残した）常識のことなのだから。

彼がコモン・エレクション（普通選挙）のために奔走した人間であればこそ、この墓石投票という言葉には格別の意味が含まれている。つまりコモン（共通）の土俵を時間軸において引き延ばして、死者たちの伝え残せし意志にも投票権を与えよと彼はいってのけたのである。ところで、なぜ彼は未来の子孫たちについて言及しなかったのか。それは、やはり、「過去のほうが未来よりも重い」、なぜなら「言葉の用法とそれに含められる意味合はかならず過去からやってくる」、そして「未来への想像力すらが過去の経験にもとづいている」からだとしか考えられない。

ギルバート・キース・チェスタトン（1874-1936）

チェスタトンがボーア戦争（一八九九年）にも決然と反対していたことを記憶しておくべきだ。彼がいうに、「我が栄えある英国の伝統からして他国で発見された金鉱をとりにいくべく武力を発動するのは、恥さらしの所業」なのである。ここで確認しておくべきは、これまでも何度か述べたことだが、慣習と伝統の違いである。慣習は単に過去からの制度的な遺制のことにすぎないが、伝統はそれとは違って過去から伝えられし（慣習の中心あたりに内蔵されているはずの）徳義の規準のことで、そうであればこそ「栄えある伝統」となるのである。その線に沿って彼は『ノッティングヒルのナポレオン』で「過去が未来に再来する」という小説を書き、そして過去のサクセッション（継承）こそが「平凡の非凡」を会得することとしてのサクセス（成功）の秘訣なのだと再三再四にわたって指摘している。

彼が少年の頃、ジャイアント（巨人）がいいかドゥワーフ（小人）がいいかについて友人と論争し――彼自身は、後年、大男になるのだが――彼は後者のほうがよいといった。その意味は巨人になれば一またぎで隣村までいけるものの、その間に何があるかをほとんど見ることができない。それにたいし小人はその間の草むらがジャングルと化し、そこにいる虫たちが怪獣となって現れるのを目の当たりにすることができ、驚きに満ちた世界が身近にあると知るのである。それが「平凡の非凡」ということである。慣習といい伝統といい、一見一聞したところごく凡庸なものでしかない。しかしそこに秘められている歴史の英知――宗教感覚のことも含めれば「慧智」と呼ぶべきか――のことを考えると、特に矛盾した欲望や価値のあいだでどう平衡をとるかということに論がおよぶと、過去から伝え残されしものには目を見張るべき知恵が秘められているとわかるのである。

伝統は左翼人士がいうような人間の自由にたいする拘束衣などではないことはむろんのこと、右翼がいうようにそこに座していれば安穏としておれるような岩盤でもない。それは「危機の綱渡りにおける一本のバランシング・バー（平衡棒）」のようなものなのであって、その棒自体は凡庸きわまりない代物だが、しかしそれがなければ綱から転落すること必定といった貴重な代物だとみなければならない。

左翼人士はよくナチュラル・ロー（自然法）のことを口にする。しかし自然法という言葉には「宇宙は神が創造した」といったような神学的な宇宙観が多少とも随伴している。チェスタトンは国教会からカトリックへと改宗していった人間であるから、彼もこの意味での自然法の観念を受け入れ、それが伝統となって現れている、とみた可能性がありはする。しかしいかなる信仰にも（望みこそすれ）達したことがない述者としてはナチュラル・ローを「当然法」と捉えたい。つまり歴史において積み重ねられる経験からして当《まさ》に然《しかる》べき徳義の規準、それが伝統の本質だということにほかならない。

同じくカトリックに改宗したT・エリオットが『伝統と個人の才能』という小論を書いている。彼がいうに、個人の才能とは伝統をどう引き受けてそれをいかに表現するかにすぎないのである。トラディション（伝統）がなければタレント（才能）というものもありえない、というのが詩人エリオットの文学観であり人間観なのであった。そしてそれは言語的動物としての人間の本性を見抜いたものだといわなければならない。

そういう物事の見方が、歴史不在のアメリカとそれに倣おうとした戦後日本にあって著しく欠けている。その端的な例を挙げてみるとブッシュ・ジュニア大統領がイラクを侵略しようとしたとき、西欧諸国は国連の舞台であれやこれやと邪魔立てをしたのにたいし、社会主義から解き放たれた東欧諸国は（アメリカから資金援助を受けることを条件に）アメリカ軍に加担しようとした。その欧州の東西における対比的な状況にたいし、この大統領は「東欧と違って西欧はトラディショナルに足を引っぱられている」と非難したのである。つまりアメリカではトラディショナルとは因習的なことであり、拒否されてしかるべきものとみなされつづけているのである。

ここでカルチャー（文化）とは何かということを定義しておかなければなるまい。というのも、たとえば「日本の文化と伝統」といったような表現が多用されてはいるが、文化と伝統の違いが何であるかについての検討が皆無なのである。かつてヴェブレンは「カルチャーと聞くと鉄砲を撃ちたくなる」といった。その意味は十九世紀末のアメリカ文明を支配していたアングロ・サクソン系の移民が文化なるものを掲げて、たとえばヴェブレンのような北欧からの少数派移民たちを文化の名において操作・抑圧しようとしていたことを指していた。つまり文化はおおよそ「慣習の体系」なのであって、それは解釈次第で良習とも悪習ともなりうる。その意味で既成の文化を固守するのが保守思想だということであってはならないのである。真っ当な保守思想が保守せんとするのは文化つまり慣習の体系という名の歴史的なサブスタンス（実体）のなかに含まれているいわば「危機における平衡感覚」としての精神のフォーム（形式）だとみなければならない。

この形式を現下の状況にあっていかに実体化するか、それについての処方箋までをも歴史が示してくれはしない。それは今生きている人々のあいだの議論と決断によって具体化されるのである。一例を示せば平等と格差の平衡が公正という名の平衡形式であることは伝統が示している。しかしその公正が具体的に何であるかは状況のなかでの社会的な意思決定によるしかないということになるわけだ。

しかし、この実体と形式の二分法にあまり拘泥する必要もない。というのも我々が朝から晩まで使っている（夢の中ですら使っている）言葉こそが形式と実体の結合したものにほかならないからだ。言語は音韻論（弁別された音の繋がり）と統辞論（区別された文法による言葉と言葉の繋がり）と意味論（言葉と物事との関わり）の三層構造からなる。そして人間は状況における様々な発言や表現のなかから何かしら「良い言葉遣い」というものを類別する。その類別能力を鍛えるのは家庭であり学校であり酒場であり職場であり議場なのである。その意味での議論の場が（オークショットが指摘したように）テクニカル・ナレッジつまり技術知によって席捲され、プラクティカル・ナレッジつまり実践知が粗末に扱われる、というのがこの高度情報社会である。それすなわち伝統への破壊運動が頂点に達しつつあることの現れにほかならない。

第七節　保守に必要なのは「矛盾に切り込む文学のセンス」と「矛盾に振り回されない歴史のコモンセンス」

少なくとも我が国の保守思想は主として文学系統の人々によって支えられてきた。それは、小林秀雄や田中美知太郎や福田恆存や三島由紀夫などの名前を挙げるだけでも、すぐ見当がつくことであろう。そしてそれはそれなりの根拠があることなのである。つまり保守思想は人間の心理や社会の制度に矛盾が孕まれていることを鋭く意識している。一例を「自由」という理想の観念にとってみれば、それは「秩序」という現実と一般に鋭く対立している。また自由は「平等」というほかの理想とも衝突を演じることが多い。それらの葛藤の有り様を見抜くには文学的なセンスがなければならない。なぜといって文学とは、少なくとも上出来のそれにあっては、人間心理の葛藤のただなかに切り込もうとするところに成り立つものだからである。そういう文学者がほとんどいなくなっていることは認めなければなるまいが、それは現下のマスソサイアティのしからしむるところであって、そんなものに迎合するのは文学ではないとしておけばよいのである。

人間の心理およびそれを表わす言葉における矛盾は、いわゆる「エピメニデスのパラドックス」に端的に示されている。「あるクレタ人が『クレタ人はみんな嘘つきだ』といった」という言葉はまさしく逆理そのものである。その二重カッコ部分が本当だとするのならば、それをいったのは、クレタ人であるのだから、その一重カッコ全体が嘘だということになってしまう。また逆にその二重カッコ部分が嘘だとしてみてもそれをいったクレタ人も嘘をいったことになるから、二重カッコ部分が嘘ではなく本当であったということになってしまう。こうした文章を一般に「自己言及の逆理」という。

文学が扱う人間の言語活動は、こうした論理的には解けない自己言及の謎に包まれているといってよいであろう。そうであればこそ論理的整合性を貫く科学とは別次元にあるものとして文学が措定されるのである。ほんの一例を挙げれば「人は生き延びるためには一度死んでみせなければならない」(小林秀雄)という文章は、死ぬ気にならなければ生き延びれない危機の場面が人生にはあるものだといわんとするための比喩にすぎないのだが、「生きるために死ね」という表現それ自体は矛盾そのものである。文学ではそうしたレトリックが多用され、しかもその修辞によって人間心理の深奥を覗き込むことができるのである。

保守思想とて同じことだ。滅びゆき忘れ去られていく伝統を取り戻さなければ人間は意義ある人生を送るわけにはいかない、と保守思想はいわんとする。だが伝統はすでに消滅しているに等しいのであるから、保守思想にあっては現代人はすでに死んでいるとみなさざるをえない。死んでいるものに生き返って自分の墓石を担げというのは矛盾以外の何物でもない、少なくとも論理ではそうなってしまう。といった次第で保守思想は文学的センスをもって現代における伝統喪失の悲惨について逆理をもって鋭く抉り出そうとするのである。その意味で保守思想には文学的センスが不可欠なのであるから、日本の保守思想が文学方面の人々によってかろうじて支えられてきたというのは当然の成り行きとみなければなるまい。

しかし、自己言及のパラドックスに過剰にこだわるのはいわば文学的な悪癖である。上記のクレタ人の場合でいうと、その文句を吐いたクレタ人が自分の母国クレタ島にすっかり嫌気がさし、できればアテナイ人になりたいものだという心境にあったとしてみよう。このように想定するのは必ずしも不合理なことではない。人の心理は複雑なのであるから、生誕地だけでその人を何人と規定するのには無理がある。いわば亡命者の気分でかつて知ったるクレタ人のことを批評している、というのがその文が吐かれたコンテクスト（文脈）だとすれば、その文章に何の逆理も生じない。さらにその文句を吐いた者がそれを聞いた相手とコンタクト（接触）を何度も重ねてきた人間で、当人の亡命者気分がよくよく理解されていると想定してみよう。そうならばその文句を聞いた者もまた、その文句に何の違和も覚えないはずだ。そうした文脈・接触のことを大事とみなすのをコンテクスチュアリズム（文脈主義）と呼ぶ。そして文脈主義は、一般に、歴史のコモンセンス（時間歴史的かつ空間社会的に共通の理解）があってはじめて人々のあいだに交話が成り立つ、とみなすのである。念のため確認しておくと、文脈主義は逆理を解くためのものではなく、道理に適うという点で「意味ある論理」のむしろ大前提とされるべきものなのだ。このように考えれば、文学が、人間精神の逆理に切り込みつつもその逆理を退けるべく時代の常識に立ち戻るという作業にあまり熱心ではなかったことに批評を差し向けざるをえない。保守思想についていえば、むしろ後者の側に重きを置く、つまり「逆理めいたものが常識によってあらかじめ解決されている」という表現法に傾くのである。

そうみてはじめて、たとえば戦後最高の知識人というべき福田恆存が三十代半ばに突如として文芸評論を辞めて、政治評論を中心とする（述者のみるところ）プロゼイック・サウンドネス（散文的健全性、一見したところ退屈にみえるが読み進めるにつれ説得力を発揮する類の文体）

に移っていった、についても頷くことができる。

ただし述者が残念に思うことが一つだけある。日本の保守思想の細々とした流れにあって、コンセプト（概念）を打ち立てることが軽んじられてきたという点である。E・バークの場合、その『フランス革命の省察』において散文的健全性を存分に発揮しながらも、たとえばプレスクリプション（物事を規定するにはそれに先立ってあらかじめの規定が、しかも「時間の効果《プレスクリプション》」に裏打ちされた規定が必要だという意味での「予規定」）という概念が、さらにはプレジュディス（物事の判断にはそれに先立っての、偏見というよりも、「予判断《プレジャッジメント》」）といった概念が提出され、それから二百余年経った今もなお無視してはならぬ概念として哲学の中にしっかりと地歩を進めている。トックヴィルの『アメリカのデモクラシー』にあっても、「マス」とか「多数者の専制」とか「プライマリー・パワー（基礎権力）としての世論を動かすメディア」といったような概念が確立されていた。彼らにあって概念は、けっして人工的な言語ではなく、根源的なセンチメンツ（情操）を表わしうる語彙を日常的な言語のなかから探り出し、それをみずからの散文の中枢に据え置くためのものであったのだ。

日本の保守思想の系譜にあっては、社会科学におけるチャチな概念の氾濫に抵抗してのことだろうが、自分らの思想を支える概念を打ち立てる努力があまりにも少なく、文学的なレトリックに頼りすぎているように思われてならない。レトリックが文なるものの生命線だとわかってはいるものの、しかし、概念化の作業がなければ、良きレトリックは「語り部の名人芸」になってしまう。社会科学などというものは大した代物ではないのだから、それらの全貌を見渡した上で社会科学的諸概念に対抗できる概念を樹立すればよかったではないか、との不満を述者は拭い切れないのである。自己宣伝をする気は毛頭ないが、述者はそのことを絶えず気にしながら保守思想を語ってきたつもりである。

第八節　学校は掛け替えのない煉獄

国家の混迷や地域の衰退や家庭の崩壊などに論がおよぶと、人々はほぼ必ず「教育が悪い」という。つまり日教組教育がどうの偏差値教育がこうの、といった話が続くのである。述者はこうした学校に下駄を預けるやり方につねに反発してきた。述者自身、小学校から大学まで欠席遅刻早退の常習犯として学校についてはエスケイピスト（脱走者）でありつづけた。しかし学校と縁が薄かったからといって学校に（徳義瓦解の）責任を負わせるのは見当違いと思われてならない。

「學」とは「ひな鳥が親鳥の真似をして羽搏《はばた》きを覚える」ことを意味し「校」は「枷《かせ》を科す」ことを意味する。つまり学校は「先輩の真似をすることを強制する場所」なのであって、強制されることの嫌いなものはそこからエスケイプして何の不思議もない。もちろんそれを英語でスクールといえば「スコレー」（暇）を利用してあれこれ思索したり議論したりすることを指すが、それは教育が高等の段階に達したときの話で、それまでの教育は強制を旨とするほかあるまい。

いや、厳密にいえば「教」が「徳義を教え込むべく鞭打つ」ことであるのにたいし、「育」は「子供が女性のお腹から産まれてくること」（そしてそれの産婆役を務めること）を意味する。つまり教育には本来的な矛盾が孕まれているのであって、子供に強制を施すかそれとも子供の自発性を手助けするか、といった逆方向の作業が伴わざるをえないのだ。――ソクラテスは『パイドン』で後者のほうを強調している――。そのことを考えると、述者のようなエスケイピストも困り者だが、教師の指揮に服従しつづけるのにも問題がある。それ以上に問題なのは、日本人の偏差値レベルが次々と下がっていくことについて学校教育の責任だと騒ぎ立てる世間の風潮である。このようなマスコンサンプション、マスインフォメーション、マスレジャーの社会のなかで生まれ育てば学校の重みが小さくなっていくのは当然の成り行きであって、平凡な言種だが、まず「学校は社会のなかにあるにすぎない」という大前提から話を起こすのが筋道というものである。そしてこの社会の風潮が如何ともし難い社会力学にかられて動いていることを思うと、学校教育の成果なんかは高が知れていると見定めるしかない。

とはいうものの七歳から二十二歳までの十六年間におよぶモラトリアム（執行猶予、つまり「人生の決断を先延ばしできる」期間）をもつというのは、人生の行路にあってきわめて重要なことだ。「十五にして学び二十にして思う」（孔子）のが人の常だとみて大きく外れてはいない。つまりそこで子供たちはおのれの資質や能力の何たるかをおぼろげにせよ知るのみならず、それらを少々なりとも向上させるべく努力する自由が与えられているのである。

しかしその努力にあって最も決定的なのは、人間がナショナリティ（国民性）を背負わなければならない以上、初等教育ではナショナル・ランゲージ（国語）にかんする勉強であり、中等教育ではナショナル・ヒストリー（国史）にかんする勉学であり、そして高等教育の前半ではモーラル・ヒストリー（道徳の系譜学）にかんする考究だと思われる。――ついでまでに確認しておくと、モーラルはモーレス（習俗）に発する人々の共有作法ということである――。

ここで説明を要するのは道徳系譜学のことについてであって、それは特定の道徳を教え込むことではない。人類と自分らの国家が道徳をめぐってどういう宗教や哲学や政治を繰り広げてきたかについてのパースペクティヴ（展望）をもつこと、それが道徳系譜学の趣旨にほかならない。なぜこれらの教課が大事かというと、それらを通じて（日本語を母国語とする）若き日本人たちが言語的動物としての活力の源泉を求め、みずからの精神を掘り進むことになるからだ。日本国民の一人としての活力、それは日本の言葉・歴史・道徳の何たるかを知ることから湧いてくるのだ。その活力がありさえすれば、主として理数系の知育なんかは、さらに英語力なんかも、まあ、どうにかなる類の技術知にすぎない。

さらに、極論をおそれずにいうと、子供たちに勉学へのバイタリティ（活力）がありさえすれば、独学が最も効果的である。教師たちの杜撰《ずさん》であったり下手くそであったり反復の多かったりする授業は、少なくとも精神的な活力のある子供たちにとってはむしろ邪魔なのだ。適当な教科書と参考書さえあれば独学のほうがはるかに効果的に学習を進めることができる。その意味で教科書授業に則る類の学校教育はあらかじめ無効を約束されている。

だが問題はそこからだ。独学に伴う孤立状態はその子供から社交性を奪い、社交的動物たる人間の活力を徐々に奪いとっていく。学校に顔を出して子供たちや教師と話したり喧嘩したり競ったり助けたりするという活動のなかで子供たちは活力を養う。だから述者のようなエスケイピストは学校での社交を拒否した報いとして、ほかの場所であれこれ複雑にして厄介な社交上の体験を積まねばならぬという羽目に陥ってしまうのである。人間は

「ゾーオン・ポリティコン」（アリストテレスのいった「国家的動物」）なのであるから、仮に学校がズー（動物園）のようなものであったとしても、そこに出向く以外に人間は活力を増強することができないのである。

この活力養成にとって最も重要なのは教師の示す「人格的な姿」ではないだろうか。というのも生徒・学生の活力の正体たるや、彼らの人格形成におけるインテグリティ（総合性・一貫性・誠実性）の形成ということにほかならないからである。その形成に寄与するのでなければ教師たる資格に欠けるといってさしつかえない。その意味で、知育や体育もまた徳育と無関係ではおれないのである。

とはいえ、少なくとも述者の経験によれば「いかにも自分は人格者でございい」といったような教師の御芝居はすぐ化けの皮が剝がれる。それどころか学校の教壇に立派な人格の持主が立つなどということは奇跡をおいてほかにはないといってさしつかえない。教師が示しうる人格的表現の最大限、それは知育の「やり方」のなかにおのれの徳義を含ませることにとどまる。極端な場合、「こんな知育をやったとてみんなの人生の役に立つことなどほとんどありはしないとわかっているのだが、自分の仕事はその無効の知育にあって教師役を務めることのみである」という絶望感めいたものをその背に表現するというようなやり方であっても、そこから生徒・学生たちは「生きること」の何たるかについて、とくにその面倒なることについて、大きな示唆を得ることができる。

子供たちは教師の知育の仕方における半ば絶望の姿から、自分らのこれからの人生にただならぬ困難が待っていることを察知し、それに備えるには結局は自分独りの孤独な決断と努力が必要となると予想し想像する。その意味でなら「教育は不可能であるが、されど、教育なしには人間は生きる道を見つけられない」という逆説が学校なるものを支配しているのだ。そういうところが学校なのであるからには、その親たちは余程に深い諦念と洞察をもって自分の子供たちを学校に送り込まなければならないのである。

最後に一言を付け加えると、これは主として大学教師についていえることだが、専門人であることが多い教授連の講義は、人生や時代の現象についてそのほんの一側面に単純な接線を引いてみるだけの作業にすぎないのだと、学生たちはあらかじめ承知しておく必要がある。逆にいうと物事の全体的な輪郭と奥行きを知るための（一般に思想といわれている類の）総合的なる教養を学生たちは自力で身につけなければならないということになる。そしてそれは意外に簡単な作業なのであって、幾人もの専門人が様々に異なった接線を引いているのをみれば、それらを何とか総合しなければ物事の現象を理解したことにはならない、と考える学生もいるはずだ。そういう学生の自己省察こそが大学教育なるものの到達点なのである。

大学教師について一言の苦情を述べれば「自分たちはアカデミッシャン（学術研究者）だ」という自負くらい学生たちを誑《たぶら》かす所業はないといってよい。アカデミズムの逆をジャーナリズムということにすれば、それは「日々《ダイアーナル》生起する出来事にかんする総合的な解釈」を本来は必要とする。だから、自分もまたそれらの出来事のなかで生を送っている者として、教授はみずからの表現の中にジャーナルな出来事をアカデミックに解釈し、同時に、「夜間《ノクターナル》」の仕事ともいうべきアカデミックな成果をジャーナルな出来事に関連づける、という相互乗り入れをなさなければならない。

ところがそういう教授連が異様なまでに数を減らしている。なぜか、述者に入ってくる知らせは、一つにアメリカ流の「専門的な（多くは形の上だけの）研究成果の重視」、二つに「大学改革なる（多くは文科省にたいして体裁を繕うだけの）行政業務の荷重」のことである。かつてヴェブレンがいったトータル・デプラヴェーション・オヴ・ハイアー・エデュケーション（高等教育の全面的堕落）という二十世紀初頭の大学風景が、一世紀後、何倍にも膨らんでこの列島に出現している。その堕落はついに全面的な腐敗にまで辿り着いてしまったのではないか。

そうなら、初歩的で基礎な知識と徳義を生徒・学生に繰り返し反復させること、そして学問への活力をもつに至った者は、読書やセミナーを通じて自力で学問に挑戦するという古典的なやり方に戻るほかあるまい。「独学者の悲哀」という形容などは、学校への過大評価に発するもので、釈迦にも孔子にもソクラテスにも学校なんかなかった、ということを想い起こすべきだ。学界のディシプリン（訓練規則としての学説）などが通用する時代ではなくなったのである。

第九節　「人生の最大限綱領は一人の良い女、一人の良い友、一冊の良い書物そして一個の良い思い出」

このようにいってのけたのはチェスタトンである。彼がマキシマム・プログラム（最大限綱領）という言葉を使ったのは、当時、社会主義者たちがその言葉を頻用していて「我々の最大限綱領は世界社会主義革命である」などとほざいていたことにたいする皮肉としてであろう。つまり身近のことにおいてすら女性、友人、書物、思い出において良いものを獲得するのがどれほど困難かということに思いを致せば、世界革命のごときは誇大妄想にすぎないと彼はいいたかったに違いない。

述者はこのいわば「人生を良いものにする四点セット」について若者たちに語りかけたことがたぶん十回はある。そして述者自身の判断も含めてこの四点セットを獲得する難易度を難しい順から並べてみると、思い出、友人、女性そして書物の順になる。――思い出や友人を得るのが難しいのは（戦争のような）死活の場面を共有することが少なくなったからだ――。いささか強引だがそれらにたいし性格付けを施してみると、思い出は慣習的・歴史的なもの、友人は技術的・交換的なもの、女性は政治的・決断的なもの、そして書物は価値的・文化的なものと類別することができよう。そして価値と決断を結びつけるのが個人主義的な行動類型であり、交換的なものと歴史的なものを結合するのが集団主義的な行動パターンだとすると、難しいのは後者の集団主義の良き行為であり、易しいのは個人主義の良き振る舞いのほうだといえよう。

いずれにせよ述者の見聞によればこの四点セットを完備している者は、若者であれ老人であれ、めったにいないというのが実情なのである。それなのにグローバリズムがどうのハイテクがどうのといった話で世界は持ち切りなのだから、「身の程を知らざる者が現代人だ」と冷やかされても致し方あるまい。だが、もっと重要なのは、それが女であれ友であれ本であれ思い出であれ、「良い」とはどういうことかということではなかろうか。むろん、深い実感をもって「良い」と本人が思うならそれでよしとしてもよいのだが、しかし人間には錯覚も誤解もあるのであってみれば、良さの規準について少々なりとも検討しておかなければならない。

そのための一助として、同じチェスタトンの次の科白を取り上げてみよう。「勇気とは生き延びようとする努力のことである、そして真の勇気とは死を覚悟してかかることである」。生き延びるために死ぬことも厭わない、というのは明白なパラドックスである。つまり彼がいいたいのはこうしたパラドックスのただ中に入り込もうとする勇気をもって獲得した女性、友人、書物そして思い出は良いものだということなのである。

いうまでもないことだが、勇気ばかりが大事なのではなく、正義も思慮も節制もそれぞれ重要な徳義ではある。しかし勇気は外面的に観察可能な振る舞いだという意味において最も論じやすい徳義ではある。だから勇気をもって徳義の代表とみなした上でいうと、現代人は「死を覚悟した勇気」をもって異性に接近したり、友人と固く団結したり、書物の行間をも見据えたり、記憶の意味するところの奥底まで解釈するという努力をなおざりにしていると思われてならない。

余談を一つ述べると、ロシア民謡のメロディを使ってソ連のいわゆる祖国防衛戦争を賛美した『ともしび』という歌がある。それは、我が国でも、一九五〇年代前半いわゆる歌声運動で日本共産党系のミュージシャンたちが流行させた至極平凡な歌謡でもある。述者が指摘したいのはその歌詞の中に、「益荒男《ますらお》」(勇士)、「乙女」、「誓いの友」、「心の街」、「思い出の姿」といった言葉が鏤《ちりば》められているということである。つまりそれは、「戦さにあってこそ人々のあいだの感情が激しく燃え上がり、人々の記憶が鮮やかに甦る」ということだ。

どんな戦さであってもよいというのではない。「祖国防衛」という正義に則る（とされている）戦さの時代背景があってこそ人間の感情と人々の関係が深く重いものになる、ということである。そして戦さとはいうまでもなく集団主義にかかわる人間たちの死を賭した振る舞いなのである。時代背景が戦さでなければならないということではない。人々が死活の覚悟を込めて、あるいは少なくとも人生の成否を賭して、取りかかる行為に伴う感情、それが人生の最大限綱領となるのである。

情報や技術におけるシステミズムが支配的となり、人々がまるでロボットやサイボーグのように動く現代にあっては、このような死活の覚悟というものは不可能なのであろうか。それを不可能と諦めるものたちをマス（大量人たち）と呼んできたわけだから、問われるべきは、人間がマスマンになるのは避けえざる成り行きなのか、ということについてだ。

ここで不可避の事態にデスティニィ（運命）とフェイト（宿命）の別があることに注目せざるをえない。前者の運命は法則的な必然にかられて進む事態のことを指すが、後者の宿命のほうはそれを避けようとする努力にもかかわらずその努力を無効に終わらせる（予測不能の）強い社会力学が陰伏するという形でのアブサーディティ（不条理）がはたらいていた、という顚末のことを指す。で、宿命にあっては努力が実を結ばなかったことについてのペーソス（悲哀）の感情が伴う。そうした悲哀の感情こそが人間の生涯や社会の時代を物語として構成する決定的な要素なのだと思われる。

よく人間の感情のことを総まとめにして喜怒哀楽などといわれるが、語り継ぐに最も値するのは「哀しみ」の感情ではないだろうか。人は必ず死ぬ。時代は必ず変わる。その避けようのない行程の中で、何かを求めて何事も得ずに死んでいく人々の厖大な思い出の数々、それが歴史を支えるのである。情報・技術のシステムがそれらの思い出をローラーにかけて粉々にし、人生の凹凸を平坦に均《なら》す時代であればこそ、心あるものは思い出の襞の一つひとつにあえて分け入っていかなければ、「紊乱の時代」を超えることなどできはしない相談なのだ。

第十節　人工死に瀕するほかない状況で病院死と自裁死のいずれをとるか

福澤諭吉は「生き死にのことは言うな」と母親からつねに諭されていたらしい。しかし、今日、日本人の死生観がこうまで衰えると、それも口にしなければ、生の意義すらが不明になってしまう。

述者は、早生まれなので生活の実質において七十九歳だとなると、多くの人々が八十歳あたりから心身を耄碌《もうろく》させていく例を目にし耳にしてきた。そして、近々、自分もそうなる可能性少なからず、と考えざるをえない。それにつれ、かつて自分の身近にいた死者たちに甦ってきてもらって、一言二言、言葉を交したくなる。どんな言葉かと考えてみると、彼らの死の間際における哀感をもう少し強く共有してやりたかった、あるいは自分が気づかぬままに彼らの哀感を強めてしまうということがあったのなら是非とも謝りたい、といったところか。しかし同時に、死者が生き返るということなどありえないことはわかっているのに、そんなことを考えてしまうおのれ自身に呆れ返りもするのである。

述者はかなり若いときから死について考える性癖が強かったように思う。しかし、L・シェストフ流の「死（あるいは不安）の哲学」からは「生き方」についてのヒントは何も得られなかった。つまり述者は、一つに（シェストフのように「死は絶対だ」という前に）「永遠に死ねない」ことのほうが不安であり、二つにいずれ死ぬのだからそれまでは生きいきと生きてやろうと構え、そして三つに合理を超えるものとしての超越的な真理は探究すべきものであってもそこに到達しうることもそれを信仰することも叶わぬものである、と考える種類の人間であったようだ。だが、もう生きいきと生き延びることなど考えられない状態に入ってしまうと、死を文字通りに直視せねばならなくなる。仮にそれから眼を逸らそうとしても、そんな所作は無駄なことだとすぐわかりもするのが後期高齢ということでもある。

しかし、そんな入り組んだ心理のことについては他書（たとえば『生と死、その非凡なる平凡』）で言及したつもりなので、ここでは死というものの単純な分類法について批評しておきたい。人はよく「自然死」ということを口にする。要するに、齢を重ねていくという生命の下降線に自然に乗って死んでいく姿を指して、ナチュラル・デス（自然死）と呼ぶのである。もちろん「風呂のなかで煙草をくわえたまま死んでいた」というふうに（どちらかというと幸運な）人々が少しはいるのであろう。

だが、自然死と呼ばれているもののほとんどは、実は偽装なのであって、彼らの最後は病院に運ばれて治療や手術を受けつつ死んでいくということなのである。換言すると自然死と呼ばれているものの最終段階は「病院死」にほかならないということだ。そして瀕死者にとっての病院は、露骨にいうと、死体製造（および処理）工場にすぎない。その証拠にそこで働いている医師や看護師は、日に一人か五人か十人かは場合によるが、毎日のように死体と接触しており、それゆえ人間の死は彼らにとってほとんど何のアフェクション

（情愛）をも抱くことのできない業務上の出来事となっているのである。

再度確認しておくと自然死などというものはめったにありえず、あるのは人工死なのだ。つまり（さしあたり戦争死のことを考えなくてよいこの日本では）病院死であり、そうでないとしたら自分で自分を殺す、つまり自裁死しかないというのが死の現実といってよい。とくに、核家族が普通となっている現代、老病死を大家族制が引き受けるということになっていないので、「無益の孤独」と「無効の治療」を強いる病院死が増えているのである。

述者は、結論を先にいうと病院死を選びたくない、と強く感じかつ考えている。おのれの生の最期を他人に命令されたり弄《いじ》り回されたくないからだ。むろん、そうかといって、病院死を非難したいのでもない。病院死にあっては周りの者が死にゆく者を看病し、死にゆく者が（モルヒネなどによって苦痛を抑えてもらいつつ）周りの者に挨拶をする、といったような臨死についての儀式が行われている。その儀式を大切と思う者たちが病院死を選ぶのは当たり前のことといってよい。

だがその儀式はそうスムーズには進行しない。まずもって病院死には、病人にとって制御・選択の困難な多種多様なプロセスが生じうる。それに応じて死にゆく者は、みずからの苦痛や不安といった（人にみせる種類のものではないという意味での）醜態をみせるということが少なくない。ただし述者の場合、自分の妻が病院死を遂げていったとき、その前の（自宅看病の）八年間のことを含めて、尋常ならざる水準で看病に（娘および息子の嫁と一緒に）、毎日毎日、精出したことに一応の満足を感じていた。というのも妻のほうがそうした看病を受けることに一応の満足を覚えているように見受けられたからである。つまり死にゆく者を励ますという努力が何ほどか報われたことに述者は納得を覚えていたのである。

しかしそれは夫婦という関係にあってこその心理のやりとりであったのではないか。つまり夫婦関係の根底には、相手の死を看取るという暗黙とはいえ強固な契約が据え置かれているように考えられるのである。――クリスチャンたちはそれを「相手が健やかなるときも病めるときも汝は（婚姻者を）愛すべし」と表現している――。ということは連れ合いに死なれて独り残された者にあっては、もはや婚姻関係は消滅しているのであるから、その看病なるものは自分の子供たちもしくは役所が手配したりカネで雇ったりする他人ということになるしかなく、そして親子間にあってさえそうした看病をめぐるカビナント（盟約）のようなものは取り交わされていないというのが述者の判断なのである。そして他人からの看病には、技術知はあっても、人間の死をめぐる情愛の交換というものが少ない。なぜそうなるか、齢の違いや生まれ育ちの違いや職業の違いや環境の違いなど様々なことの要因が数えられる。少なくとも大家族制が崩壊した今日では、そうみておいたほうがよい。いずれにせよ死を心の深部で受け止めるのは――おそらく性行為をはじめとする私生活におけるいくつもの秘密の共有ということに根差すのであろうが――連れ合い以外には難しいというのが述者の判断である。

さて、そうだとすると連れ合いをもたぬ者にとって病院死を選ぶのには大いなる危険が伴っているということになる。つまり終生の看病という盟約を交わしていない者たちに自分への看病を強いる、という気苦労を死にゆく者が引き受けざるをえなくなる。いや気苦労というのは軽すぎる表現だ。有り体にいうと、たとえば自分の娘に自分の死にゆく際の身体的な苦しみを、いわんや精神的な苦しみなどは、つまりすでにその顚末を母親においてて十分にみているのに、それに輪をかけてみせる、というようなことは、できるだけしたくない、そんなことをするのは廉恥心に悖《もと》る、と考える方向での生き方をする者がいて、述者はそうした種類の人間なのである。

ナチュラル・デスは（自然死ではなく）「当然死」と訳されるべきものではないのか。ここで当然というのは諸般の事情を考えて納得がいくという意味である。その意味で当然死はシンプル・デス（簡便死）と呼ばれてもさしつかえない。つまり、「安楽死」という呼び方は死というものにつきまとう本人および家族のおのずからなる苦しみを軽んじすぎているし、逆に「尊厳死」という大仰な呼び方も死がどんな人間の生にとっても当たり前の出来事だという点をわきまえていない。

述者が病院死ではなく自裁死を選ぶとしたら、それは、自裁死のほうが、自分の内なる臨死意識と外なる瀕死環境の両面からみて、自死もまた社会へ迷惑をかけること必定と知りつつも、当然と思われるからにほかならない。だから当然死は、ナチュラル・ライト（自然権）に属するというよりもむしろ、ナチュラル・デューティ（当然の義務）の一つだと述者は考えている。——なお人生で三度めの述者の短銃入手作戦が、前二回と同じく入手先主の突如の死によって頓挫するというほとんどありえぬ類の不運に見舞われたことについてここで詳しく話すわけにはいかない。ついでに申し添えておくと、この述者は、道徳と法律が食い違うことの多い現代では合法にも不法にもそれぞれ合徳と不徳のものがあって、自死用の不法な武器調達はおおむね合徳に当たると考え、そして自分は合徳で生きようと構えてきたのである。

そしてその「当然性」の第一項目には、「生の意義について公に語ってきた者は、その語りをおおよそ尽くし、それゆえ〝自分が周囲や世間に何も貢献できないのに迷惑をかけることのみ多くなると予測できる段階では生の意義が消失する〟と判断しなければならない」という規定が据えられる。いうまでもないことだが、当然死には憤怒や抗議、不安や絶望といった、心理的要素はまったくなく、それはただ、意義あるべきものとしての生にかならず終焉がやってくるという人間の宿命、それをすすんで引き受ける作業にすぎない。生の周囲への貢献がそれへの迷惑を下回ること確実となるなら、死すべき時期がやってきたということなのだ。

いうまでもないことだが「自然や社会によって自分は〝生かされている〟」などという人生観は人間中心のエゴイズムの一種にすぎない。エゴイズムは致し方ないとしても、すでに人間性のほとんどを失っているのに人間中心をいうのは詐欺にすぎない。とくに「人間はザ・クリエイター（創造主）たる神によって生を享けた」などというのはブルシットといってよい。そのようにほぼ最終的に考えたのは、述者の場合は五十代の半ばのことであり、それ以後二十三年も時間が経っているが、その考えは少しも揺るがなかった。

まとめていうと、人間が生きるということはつねに（Aを選びBは選ばないというふうに）絶えざる選択の過程である。そしてその過程の最終局面において死に方の選択が待っている。逆にいうと死に方は生き方の総仕上げだということになる。そういうものとしての生き方を丹念に考えた上での病院死というものもあるではあろう。というのも、人間の生は、とくに当人の人間環境にあって、ほとんど多変数関数のようなものであり、その変量の数量や関数の形状に依存して、とくに身近な者たちの人柄や能力の如何によって、病院死という名の人工死が（心ならずも）選ばれざるをえないということが大いにありうるからだ。ただ、そうしたことを綿密に考えないままに、病院死を自然死と呼ぶなどというフェイクの言葉遣いを含めて病院死を選ぶ者が圧倒的に多く、自裁死を変死扱いする風潮があるのが述者には、不満であるというよりも、解せないのである。それは「死に方は生き方だ」ということを考えない者たちの抱くふしだらな思考習慣からきた病院依存症にすぎないのではないか。

述者はたまたま『ハッピーエンドの選び方』という（まず題名が秀逸の）イスラエル映画を観たことがある。老人養護施設に入った年寄りの夫婦の話で、夫が（病院で調達できる薬品を使っての）殺人マシーンを発明する。妻は夫の所業に反対しているのだが、あるとき、自分のアルツハイマーが進行しているのを自覚する。そして夫に「あの機械を使ってほしい」と頼む。二人はベッドの上に仰向けに横たわり、互いに相手の首に手を回してその機械のスイッチを押すというのがラストシーンである。またフランス映画の『愛、アムール』というのも、老夫の、「病院に戻りたくない」といっている老妻にたいする、少年期の辛かった一瞬の思い出話を語りながらの、突如たる圧殺とそのあとに続く自死の結末を思わせる描写であった。

述者がいいたいのは、世界の長寿各国で「生き方としての死に方」が、とくに家族とのかかわりをめぐって、正面から検討されはじめているということだ。そして世界最長の長寿国である我が日本だけが「人間の命だけが大切と言い募って他の動植物の命をグルメを自称しつつ大量に食し、そしておのれら過剰長寿者とみなされて致し方ない、ほとんど単なる生命体と化した、存在の死滅の姿を病院に隠して」いささかも恥じるところがない。それは、やはり「紊乱としての生」と呼ばれて致し方ないのではないかと思う。

いや、鋭敏なるこの列島人は自分らの紊乱に気づき、そんなおのれらの生に怯えたり強がったりしているにすぎないのかもしれない。そうした自己不安の集団心理が日本の町や村に徐々に確実に広がっている、と述者には感じられてならない。その証拠に人々のあいだの摩擦音は強くなってはいるものの、スマホとやらを手にして歩いている人それぞれの表情から活力というものが失せつつあるようにみえる。とくに巷を徘徊したり散策したりしている高齢者の表情に浮かんでいる絶望の雰囲気は正視するに堪えない。

経済や政治のワールドワイドの恐慌をすら招来しつつある技術システムのなかで、「生の錆ついた果ての死」の数が増えているに違いない。その結末がどうなるか。それをみる余裕が与えられていないのが残念なのか安堵なのか……いや、そんなことを高見の見物めいた調子で喋々してはいけないのが臨死もしくは瀕死の（つまり万事を後生に任せるしかない）立場にある者の、節度というものであろう。……もう一言、二言を付け加えたい気持ちが残りはするものの、それを抑制するのもまた節度を守るということであるに違いない。

……（おわり）。

あとがき

我が娘、西部智子《さとこ》よ、きみに僕の最後のものとなる著述を助けてもらって、大いに楽しかったし嬉しくもあった。これまで頂戴したきみからの助力のことも含めて、心から感謝する。とくに、僕の喋ったことがきみの気に入らないと顔をしかめ気に入ったらニコリとしてくれたのが僕にはとても面白かった。ともかく僕はそう遠くない時機にリタイアするつもりなので、そのあとは、できるだけ僕のことは忘れて、悠々と人生を楽しんでほしい。我が息子一明とその妻光世《てるよ》さんはむろんのこととして、僕の知り合いたちにもそうしてほしい。僕がそういっていたと、折があったら、諸氏に伝えてくれ。なお、講談社の岡部ひとみさんに、この本の出版で世話を受けることについて、礼を述べておいてもらいたい。

……と認《したた》めて本著述は完了といくはずだったのに、その直後に、述者のある私的な振舞いの予定日に衆院総選挙が行われると判明した。で、まず社会にかける迷惑はできるだけ少なくせねばならぬと考え、次になぜその日に総選挙なのかと考えてみたら、朝鮮半島の危機がいよいよもって現実のものとなりつつあるという極東情勢の背景がみえてきた。加えて述者の手掛けている雑誌「表現者」の若者たちへの引き継ぎにもなお暫しの務めが必要ともわかった。そういうことなら、事態の成り行きにもう少し付き合ってみるしかあるまい、と考え直すほかなくなった。本書がどんな出来具合のものか、それを述者が自分の目でみる始末となったのはそういう次第からである。

平成二十九年十一月

西部邁

写真提供／本社資料センター

N.D.C.311.4　266p　18cm
ISBN978-4-06-288455-6

講談社現代新書　2455

保守《ほしゅ》の真髄《しんずい》——老酔狂《ろうすいきょう》で語《かた》る文明《ぶんめい》の紊乱《ぶんらん》

二〇一七年一二月二〇日第一刷発行　二〇二四年八月二三日第九刷発行

著　者　西部《にしべ》　邁《すすむ》　©Susumu Nishibe 2017

発行者　森田浩章

発行所　株式会社講談社
東京都文京区音羽二丁目一二—二一　郵便番号一一二—八〇〇一

電　話　〇三—五三九五—三五二一　編集（現代新書）
〇三—五三九五—四四一五　販売
〇三—五三九五—三六一五　業務

装幀者　中島英樹

印刷所　株式会社KPSプロダクツ

製本所　株式会社KPSプロダクツ

定価はカバーに表示してあります　Printed in Japan

「講談社現代新書」の刊行にあたって

教養は万人が身をもって養い創造すべきものであって、一部の専門家の占有物として、ただ一方的に人々の手もとに配布され伝達されうるものではありません。

しかし、不幸にしてわが国の現状では、教養の重要な養いとなるべき書物は、ほとんど講壇からの天下りや単なる解説に終始し、知識技術を真剣に希求する青少年・学生・一般民衆の根本的な疑問や興味は、けっして十分に答えられ、解きほぐされ、手引きされることがありません。万人の内奥から発した真正の教養への芽ばえが、こうして放置され、むなしく滅びさる運命にゆだねられているのです。

このことは、中・高校だけで教育をおわる人々の成長をはばんでいるだけでなく、大学に進んだり、インテリと目されたりする人々の精神力の健康さえもむしばみ、わが国の文化の実質をまことに脆弱なものにしています。単なる博識以上の根強い思索力・判断力、および確かな技術にささえられた教養を必要とする日本の将来にとって、これは真剣に憂慮されなければならない事態であるといわなければなりません。

わたしたちの「講談社現代新書」は、この事態の克服を意図して計画されたものです。これによってわたしたちは、講壇からの天下りでもなく、単なる解説書でもない、もっぱら万人の魂に生ずる初発的かつ根本的な問題をとらえ、掘り起こし、手引きし、しかも最新の知識への展望を万人に確立させる書物を、新しく世の中に送り出したいと念願しています。

わたしたちは、創業以来民衆を対象とする啓蒙の仕事に専心してきた講談社にとって、これこそもっともふさわしい課題であり、伝統ある出版社としての義務でもあると考えているのです。

一九六四年四月　野間省一

哲学・思想Ⅰ

哲学・思想 II

政治・社会

1145 冤罪はこうして作られる　小田中聰樹
1201 情報操作のトリック　川上和久
1488 日本の公安警察――青木理
1540 戦争を記憶する――藤原帰一
1742 教育と国家――高橋哲哉
1965 創価学会の研究――玉野和志
1977 天皇陛下の全仕事――山本雅人
1978 思考停止社会――郷原信郎
1985 日米同盟の正体――孫崎享
2068 財政危機と社会保障――鈴木亘
2073 リスクに背を向ける日本人　山岸俊男 メアリー・C・ブリントン
2079 認知症と長寿社会――信濃毎日新聞取材班
2115 国力とは何か――中野剛志
2117 未曾有と想定外――畑村洋太郎
2123 中国社会の見えない掟　加藤隆則
2130 ケインズとハイエク　松原隆一郎
2135 弱者の居場所がない社会　阿部彩
2138 超高齢社会の基礎知識　鈴木隆雄
2152 鉄道と国家――小牟田哲彦
2183 死刑と正義――森炎
2186 民法はおもしろい――池田真朗
2197 「反日」中国の真実――加藤隆則
2203 ビッグデータの覇者たち――海部美知
2246 愛と暴力の戦後とその後――赤坂真理
2247 国際メディア情報戦――高木徹
2294 安倍官邸の正体――田﨑史郎
2295 福島第一原発事故 7つの謎　NHKスペシャル『メルトダウン』取材班
2297 ニッポンの裁判――瀬木比呂志
2352 警察捜査の正体――原田宏二
2358 貧困世代――藤田孝典
2363 下り坂をそろそろと下る　平田オリザ
2387 憲法という希望――木村草太
2397 老いる家 崩れる街　野澤千絵
2413 アメリカ帝国の終焉　進藤榮一
2431 未来の年表――河合雅司
2436 縮小ニッポンの衝撃　NHKスペシャル取材班
2439 知ってはいけない――矢部宏治
2455 保守の真髄――西部邁

日本語・日本文化

105 タテ社会の人間関係　中根千枝
293 日本人の意識構造――会田雄次
444 出雲神話――松前健
1193 漢字の字源――阿辻哲次
1200 外国語としての日本語――佐々木瑞枝
1239 武士道とエロス――氏家幹人
1262 「世間」とは何か――阿部謹也
1432 江戸の性風俗――氏家幹人
1448 日本人のしつけは衰退したか――広田照幸
1738 大人のための文章教室　清水義範
1943 なぜ日本人は学ばなくなったのか――齋藤孝
1960 女装と日本人――三橋順子
2006 「空気」と「世間」――鴻上尚史
2013 日本語という外国語　荒川洋平
2067 日本料理の贅沢――神田裕行
2092 新書　沖縄読本――下川裕治 仲村清司 著・編
2127 ラーメンと愛国――速水健朗
2173 日本人のための日本語文法入門――原沢伊都夫
2200 漢字雑談――高島俊男
2233 ユーミンの罪――酒井順子
2304 アイヌ学入門――瀬川拓郎
2309 クール・ジャパン!?　鴻上尚史
2391 げんきな日本論――橋爪大三郎 大澤真幸
2419 京都のおねだん――大野裕之
2440 山本七平の思想――東谷暁